KB233690

심리학

한눈에 보는 심리학의 세계

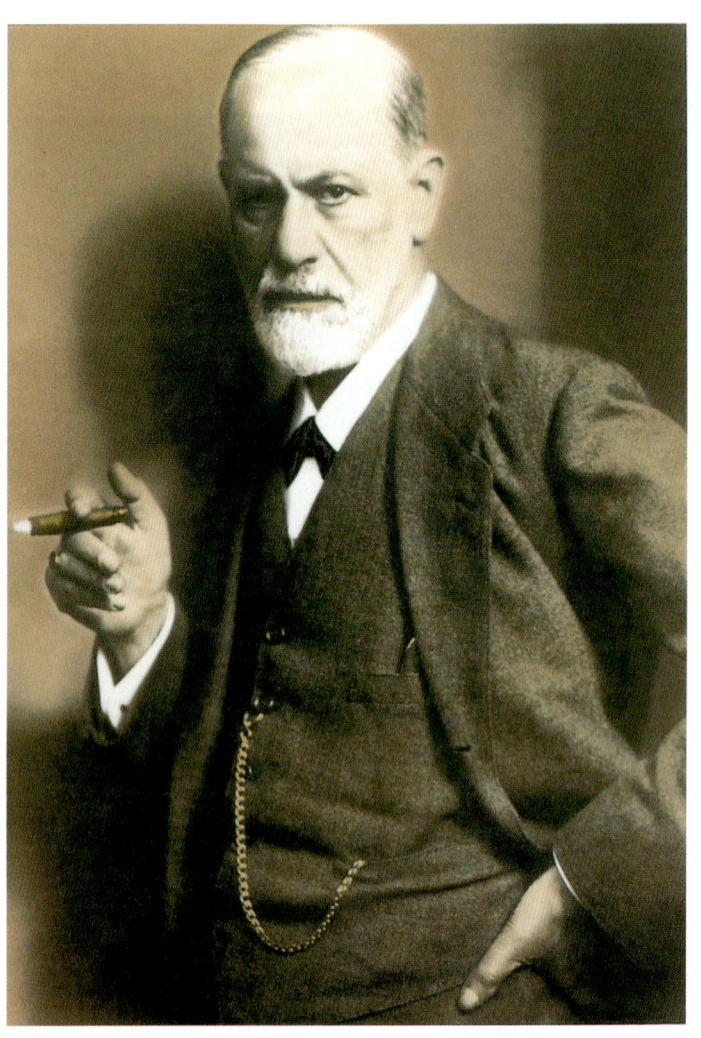

즐거운 지식여행 026_
PSYCHOLOGIE

심리학

한눈에 보는 심리학의 세계

볼프강 비데만 지음
황선상 옮김

예경

지은이

볼프강 비데만은 심리학과를 졸업했고 지금은 퓌르트 병원에서 근무하고 있다.

옮긴이

황선상은 강원도 철원에서 태어나 고려대학교 독문과를 졸업하고 같은 대학에서
석사학위를 받았다. 그 후 독일 쾰른대학에서 공부했으며 현재 번역가로 활동하고 있다.

즐거운 지식여행 026_ **PSYCHOLOGIE**

심리학

한눈에 보는 심리학의 세계

지은이 ㅣ 볼프강 비데만
옮긴이 ㅣ 황선상
펴낸이 ㅣ 한병화
펴낸곳 ㅣ 도서출판 예경

초판 인쇄 ㅣ 2009년 10월 8일
초판 발행 ㅣ 2009년 10월 15일

출판등록 ㅣ 1980년 1월 30일 (제300-1980-3호)
주소 ㅣ 서울시 종로구 평창동 296-2
전화 ㅣ (02) 396-3040~3
팩스 ㅣ (02) 396-3044
전자우편 ㅣ webmaster@yekyong.com
홈페이지 ㅣ http://www.yekyong.com

ISBN 978-89-7084-407-7 (04180)
ISBN 978-89-7084-268-4 (세트)

Schnellkurs Psychologie
by Wolfgang Wiedemann
Copyright ⓒ 2009 DuMont Literatur und Kunst Verlag GmbH und Co.
Kommanditgesellschaft, Köln, Federal Republic of Germany
Korean Translation Copyright ⓒ 2009 Yekyong Publishing Co.

책값은 뒤표지에 있습니다.

차례

심리학은 어디에나 있다

심리학은 우리 삶의 많은 영역을 건드린다. 심리학자들은 놀랄 만큼 다양한 문제들을 다룬다. 그 문제들은 일반적인 관심사에 속하는 것이 많다. 가령 어린이를 건실하고 행복한 성인이 되도록 교육시키려면 어떠한 방법이 좋은가, 정서적 장애는 어떻게 예방하고 어떻게 극복될 수 있는가, 외국인에 대한 적대감(혹은 호의적 감정)은 어떻게 생겨나는가, 가족관계나 사회적 조건이 공격성이나 범죄에 어떠한 영향을 끼치는가와 같은 문제들이 그러하다.

다음과 같이 좀 더 전문적인 심리학적 문제들도 있다. 마약중독이나 비만에 가장 좋은 처방은 무엇인가, 여론을 가능한 한 정확하게 반영하려면 어떻게 설문서를 만들어야 하는가, 어떻게 해야 담배를 끊을 수 있는가, 아이들이 글을 배우는 데 가장 좋은 방법은 무엇인가, 인적 원인에 의한 사고를 가능한 한 줄이려면 점보제트기의 조종실을 어떻게 배치하여야 하는가, 뇌수술을 통해 맹인이 볼 수 있게 하는 것이 가능한가 등등.

심리학은 우리의 삶에 간접적으로 영향을 끼치기도 한다. 입법이나 정치의 배후에는 심리학의 영향이 깔려있다. 양성 평등, 형 집행, 포르노, 범죄 등에 관한 법률 뒤에는 언제나 인간의 본질, 인성의 구조, 개인적 특성과 책임에 대한 심리학적 이론이 깔려있다. 가령 동성애는 40년 전만 해도 변태적이고 병적인 것으로 간주되었지만, 지금은 통상적인 성적 행위의 한 유형에 속하게 되었다.

심리학자는 다음과 같이 가능하거나 불가능한 모든 문제에 관심을 가지고 있다. 최면은 체중감량을 쉽게 만드는가?(그렇다. 체중감량에 도움이 되는 또 다른 한 가지는 사랑에 빠지는 것이다. 이것은 특히 여성에게 해당된다. 영국의 한 연구 보고에 따르면 사랑에 빠진 여성은 한 주에 무려 3킬로그램까지 빠진다.) 인간은 어떤 법률에 따라 장례를 치르는가? 무엇이 인간으로 하여금 몸에 괴상한 문신을 새겨 넣거나 혀,

배꼽 혹은 신체의 더 은밀한 부분에 피어싱을 하게 하는가? 또한 심리학자들은 말이 안되는 문장, 예를 들어 '문제는 바로 그것이다.'와 같은 문장을 우리가 어떻게 이해할 수 있는지, 재택근무가 가정에 어떠한 영향을 미치는지, 왜 부부싸움은 흔히 더 격화되는지, 왜 여자와 남자는 그렇게 다른지를 알아내려 한다.

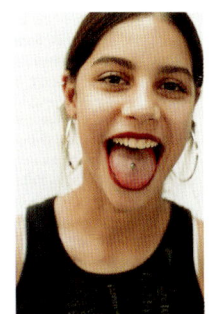

심리학은 우리 삶의 많은 영역을 건드리면서 우리의 행동에 대한 설명을 찾으려고 한다.

　심리학자들은 많은 것을 밝혀냈다. 예를 들자면, 아이의 비명은 부모가 아닌 사람에게보다 부모에게 더 강한 뇌의 반응을 일으키며, 인간은 생후 1년 6개월 때의 기억까지 가지고 있고, 후각 테스트를 통해 정신분열증의 징후를 가진 사람을 찾아낼 수도 있다. 그 중에는 흥미로운 사실도 있다. 아침의 작별 키스는 안전운전에 기여한다고 한다. 또 정형외과 의사가 수술 중에 가장 욕을 많이 하며, 일반 외과의와 비뇨기과의가 그 뒤를 잇고 있다는 사실이 영국에서 조사되었다. 그럼에도 81%의 독일인이 존경하는 직업인으로 의사를 꼽고 있다. 신부(44%)와 약사(39%)가 그 다음 차례를 차지했다. 가정주부를 대상으로 한 어떤 설문에 의하면 즉흥적인 섹스는 샤워 중(55%)에 가장 많이 일어나고, 그 다음으로는 욕조 안(53%)에서, 텔레비전을 보다가(52%), 부엌(24%)에서, 다림질을 하다가(15%) 이루어진다. 그런데 이런 순위가 도대체 무슨 의미가 있는가? 독일의 일간신문 『빌트』의 2004년 8월 7일자 기사에 의하면, 여성은 평생 1.4 시간의 오르가즘을 가지는 데 반해 남성의 오르가즘은 장장 9.3시간이나 된다고 한다. 왜 이러한 차이가 있는가? 이것은 신체구조의 문제인가, 아니면 진화의 문제인가? 아니면 시간을 재는 데 문제가 있었는가? 아니면 심리적인 문제인가?

볼 수 없는 것을 어떻게 재는가?

이 모든 것이 마음과 관계가 있다. 심리학자의 연구대상은 말 그대로 인간의 심리이다. 심리를 의미하는 '프쉬케(psyche)'라는 단어는 그리스어로 마음을 뜻한다. 이 때문에 심리학은 성립 초기부터 두 가지 문제에 봉착해 왔다. 첫째, 그 누구도 사람의 마음(혹은 심리)에 대해 정확히 알고 있지 못하다. 둘째, 어떻게 사람의 마음을 연구할 수 있는지 분명하지가 않다. 연구의 대상과 연구의 도구가 불분명하고, 따라서 그에 관한 논란도 많은 것이다.

과학은 크기, 무게, 발생 횟수, 길이, 개수 등 대체로 무엇을 측정하는 것과 관계가 있다. 그러나 마음에 있어서는 이 모든 항목에 해당사항이 없다. 마음은 자로 잴 수도, 저울에 달아볼 수도, 그렇다고 사진으로 찍을 수도 없다. 만약 공포의 냄새를 맡을 수 있다면 마음의 냄새도 맡을 수 있을지는 모르겠다.

마음으로 가는 길

현대 심리학은 미지의 존재인 마음을 여러 각도에서 알아내려 한다.

한 사람이 길을 건너고 있다고 가정해 보자. 우리는 이것을 '어떻게 전자기적인 자극이 신경을 통해 근육에 전달되고, 그래서 다리가 움직이고, 그래서 사람은 길을 건너게 된다'는 측면에서 기술할 수도 있다. 또한 우리는 육체에서 일어나는 것을 전혀 고려하지 않고 그 과정을 기술할 수도 있다. 녹색등은 하나의 자극이고 사람이 그것에 반응하여 길을 건너게 된다는 식으로 말이다. 우리는 또한 '어떠한 동기와 목적이 한 인간으로 하여금 길을 건너도록 만드는가?' 하는 의문을 가질 수도 있다. 그 사람은 친구네 집에 가는 중일 수도 있고, 쫓아오는 사람을 피해 도망치는 중이었을 수도 있고, 극단적인 경우를 가정하면 자살하려고 길에 뛰어들었을 수도 있다. 그리고 또한 길을 건너는 것을 이 사람이 어떻게 받아들이는가에 우리의 관심을 기울일 수도 있다. 불쾌하게 느끼는가, 아니면 쾌활하게 느끼는가? 날개를 단 듯이 기분이 좋은가, 아니면 그저 사소한 일로 느끼는가?

이러한 질문을 계속해 가다보면 심리학의 5대 기본이론에 부딪히게 된다.

뇌와 유전자는 어떻게 작동하는가? : 신경생물학과 진화심리학

약 120억 개의 신경세포와 수많은 신경섬유가 상호 연결되어 있는 인간의 뇌는 아마 이 세상에서 가장 복잡한 구조일 것이다. 우리가 경험하고 생각하고 행하고 느끼는 모든 것에는 원칙적으로 그에 상응하는 뇌의 활동이나 신경계(몸의 다른 체계와 결합하여)가 존재한다.

신경생물학의 관점은 뇌와 신경계에서 일어나는 과정에 중점을 두고 그 과정이 어떻게 우리의 행동, 그리고 우리의 경험과 연관되어 있는가를 연구한다. 만일 한 심리학자가 학습이 어떻게 이루어지는가를 연구하기 위해 신경생물학적 접근 방법을 선택했다면 그는 우리가 단어나 전화번호 혹은 새로운 컴퓨터 게임을 배울 때 우리의 신경계에서 어떠한 변화가 일어나는가를 알아내려고 할 것이다. 우리가 주위 환경을 어떻게 지각하는가는 뇌신경 세포의 활동을 그려내어 그것을 측정(드디어 이제 무엇인가를 잰다)함으로써 분석할 수 있다.

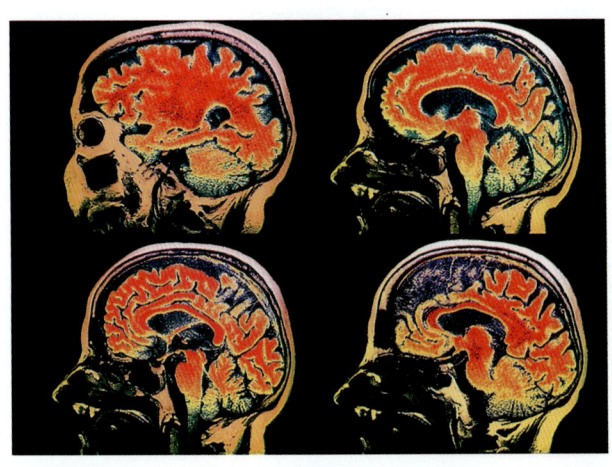

우리가 경험하고 생각하고 행하고 느끼는 모든 것에는 그에 상응하는 뇌의 활동이 있다.

11

뇌의 활동과 사람의 행동, 경험 사이에는 밀접한 연관관계가 존재한다는 것이 그동안 밝혀졌다. 뇌의 특정 부위에 약한 전기 자극을 주면 인간과 동물에게 공포나 분노 같은 감정을 유발시킬 수 있다. 뇌가 극도로 복잡한 구조로 되어있고 인간에 대한 실험이 매우 제한적일 수밖에 없기 때문에 신경심리학은 이제 시작단계에 있다고 할 수 있다. 그러므로 앞으로 더 많은 발전을 보여줄 것이 틀림없다.

요사이 인간의 행동을 설명하기 위해 이와 비슷한 생물학적 접근을 하고 있는 것이 진화심리학이다. 진화심리학은 생명이 수백만 년 동안 발전해 오면서 자연 선택이란 과정을 통해 생존과 번식을 유지하는 생물학적 메커니즘을 만들어냈다는 찰스 다윈(Charles Darwin, 1809-82)의 진화론을 받아들인다. 심리적 메커니즘도 이와 유사하게 같은 목적을 위해 발전되었다는 것이다. 모든 행동의 궁극적 목적은 자신의 유전자를 가장 좋은 조건으로 번식시키는 것이다. 이 이론에 의하면, 예를 들어, 왜 남성은 책상 앞에 앉아있고 여성은 부엌에 있는지, 왜 나이 많은 남자가 젊은 여자와 결혼하는지가 설명될 수 있다.

행동심리학 – 우리는 어떻게 행동하는가?

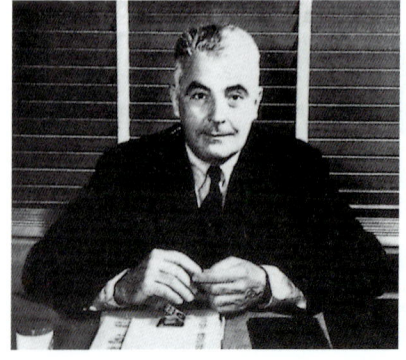

행동주의의 창시자
존 B. 왓슨(1878~1958).

뇌나 유전자, 마음 같은 것은 제쳐 두고 더 단순한 것에 관심을 집중한다면 문제는 훨씬 간단할 것이다. 행동심리학자는 이러한 관점을 택하였고 놀라운 성과를 거두었다.

먹고, 자전거를 타고, 말하고, 얼굴이 빨개지고, 웃고, 우는 이 모든 것은 관찰될 수 있는 행동양식이다. 행동심리학자는 관찰할 수 있고 측정할 수 있는 것에만 관심을 두었다. 인간의 내부에서 일어나는 마음의 과정은 그들에게 중요하지 않았다. 과학적으로 볼 때 그것은 중요하지 않다는 것이다. 20세기 초의 미국 심리학자 존 B. 왓슨(John B. Watson)은 최초로 이러한 입장을 내세웠다. 왓슨 이전의 심리학은 정신적 결과나 정신적 활동을 탐구했다. 그것도 주로 자기 관찰이나 내적 성찰을 통해서 행해졌다. 연구의 도구는 자기 자신의 생각과 느낌을 지각하고 기록하는 것이었다. 이전의 심리학자들은 훈련된 자기 성찰을 통해 마음의 비밀에 가까이 다가갈 수 있으리라고 믿었다. 그러나 왓슨은 이러한 방식으로는 아무것도 얻을 수 없다고 생각했다. 과

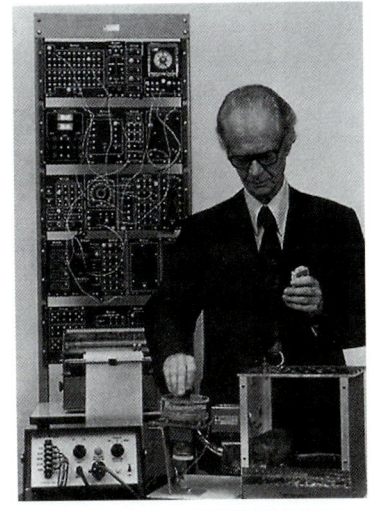

자극–반응심리학의 창시자 B. F. 스키너(1904~90).

학적인 면에서 얻을 것은 아무것도 없다는 것이다. 왓슨과 그의 동료들에게는 과학적인 심리학을 세우는 것이 중요했다. 그 당시 과학적이라는 것은 자연과학적인 것을 의미했다. 그리고 연구 데이터가 객관적으로 관찰될 수 있고 측정될 수 있어야 했다.

우리는 지각, 인상, 느낌을 오직 스스로에게서(혹은 자신의 내부에서) 주관적으로 관찰할 수 있을 뿐이다. 그러나 행동은 객관적 관찰자가 볼 수 있고 측정 가능한 데이터로 나타낼 수 있다. 과학적이고 객관적인 심리학은 오직 관찰될 수 있는 행동에 국한될 수밖에 없다고 왓슨은 주장했다.

행동주의는 과학적 심리학의 상징으로 떠오르면서 폭풍처럼 대학을 휩쓸었다. 하버드 대학의 B. F. 스키너(Skinner)는 왓슨의 관점을 받아들여 그것을 자극–반응심리학으로 발전시켰다. 자극–반응심리학은 행동(예를 들어 입 속에 침을 고이게 한다든가)을 유발시키는 자극(12시를 알리는 종소리)을 조사하거나 또는 행동양식(성과)에 영향을 주는 보상(봉급 인상, 칭찬)과 처벌(봉급 삭감, 비판)에 관해 연구하며, 보상과 처벌이 다르게 주어졌을 경우 발생하는 행동변화를 관

찰한다.

자극-반응심리학은 인간의 마음속에서 어떤 일이 일어나는가에 대해서는 신경을 쓰지 않는다. 자극-반응심리학에 있어 인간은 블랙박스로 간주된다. 이 블랙박스로 들어가는 것(자극)과 나오는 것(반응)만이 과학적으로 증명될 수 있다. 뇌와 신경에서 일어나는 일은 연구의 대상이 아니다. 이러한 방식을 따르면 학습 이론을 만들어내는 것이 가능하다. 외적 조건에 따라 행동이 어떻게 변하는가만 관찰하면 되는 것이다. 그리고 대상자가 최소한의 실수를 범하면서 최대한 빠른 시간 안에 무언가를 배우도록 자극 조건을 부여하고 보상과 처벌을 적절히 배치하는 것이다. 이때 뇌나 신경계에서 일어나는 일을 알 필요는 없다.

성내거나 두려워하고 기뻐하거나 흥분할 때처럼, 인간이 의식을 하면서 경험할 수 있다는 사실을 행동심리학자들도 부정하지는 않는다. 그러나 이러한 경험은 철저히 주관적이어서 과학적 심리학에 접근시킬 방법이 없다.

이러한 태도는 물론 실제 현실에서는 거의 받아들여지기 힘든 극단적 관점이다. 인간은 생각을 하며, 인간의 행동은 생각과 어떤 방식으로든 연관되어 있다는 사실을 행동주의 심리학자들도 무시하지는 않는다. 따라서 사고는 이들에게 정신적 행동(또는 인식적 행동)으로 간주된다. 그럼으로써 사고를 다시 과학적으로 파악할 수 있는 것이 된다.

자극과 반응 사이에는 양쪽을 잇는 연결고리가 있어야 한다. 모든 사람이 칭찬에 긍정적으로 반응하는 것은 아니다. 한 사람에게 칭찬으로 여겨지는 것도 다른 사람에겐 비꼼이나 조롱, 혹은 욕이나 모욕 또는 치근덕거리는 말로 들릴 수 있다. 인지심리학은 바로 이곳에서 출발한다.

인지심리학 – 마음은 어떻게 작용하는가?

인간이 단지 자극의 수동적 수용자가 아니라 정보를 받아들이고 그것을 가공하여 새로운 데이터로 바꾼다는 사실에서 인지심리학은 출발한다. 이 책에 씌어져있는 모든 단어는 검은 점들이 모여 이루어진 것이다. 이것들은 물리적 자극이다. 시각신경계에 들어온 감각 데이터는 빛의 무늬를 만들고 이것이 종이에서 눈으로 들어가게 된다. 눈으로 들어온 시각적 인상은 신경계를 거쳐 정보로 변환되고 이 정보가 뇌로 전달되어 우리는 그저 검은 점들이 아닌, 이해하고 기억할 수 있는 단어를 보게 된다. 물리적 자극을 보고 읽고 이해하기 위해서는 엄청난 변환이 이루어져야 한다. 빛이 무늬(글자)로 변환되어야 할 뿐만 아니라 이 무늬를 기억 속의 다른 무늬들과도 비교해야 하는 것이다. 이전에 한 번도 책을 보거나 읽은 적이 없다면 이 물리적 자극(종이 위의 검은 점들)은 아마도 아주 다른 반응을 일으킬 것이다.

인지심리학은 어떻게 감각적 인상이 변환되는지, 어떻게 감각적 인상이 기억에 보관되고 다시 불러낼 수 있는 정보로 변환되는지를 연구한다. 인지심리학이 중요하게 다루는 문제는 지각, 상상력, 문제해결 능력, 기억, 사고 같이 자극과 반응 사이에서 일어나는 모든 '인식'에 관한 것이다.

인지심리학은 부분적으로 이전의 자극–반응심리학이 보여준 편협성에 대한 반발에서 출발했다. 자극–반응 도식은 아주 단순한 형태의 행위는 이해하기 쉽게 설명할 수 있지만, 정작 우리의 머릿속 '블랙박스'에서 일어나는 흥미로운 사실에 대해서는 관심을 두지 않는다. 자극–반응 이론은 우리 인간이 사고하고 계획하며, 기억된 정보를 바탕으로 결정을 내린다는 것, 그리고 어떠한 자극에 반응할 것인가를 선택한

인지심리학의 창시자 중 한 명인 영국의 심리학자 케네스 크레이크(1914~45)는 뇌를 외부세계의 정신적인 모형을 만들어내는 컴퓨터와 같은 것으로 보았다. '만일 하나의 생명체가 외부세계와 그 자신의 가능성을 반영하는 축소 모형을 머릿속에 갖고있다면, 미래에 일어날 상황을 예상하여 그에 따른 여러 대응책을 모색하고 그중 가장 적절한 것을 골라내고 미래를 위해 과거의 경험을 이용하여 모든 면에서 그 도전에 더욱 안전하고 분별 있고 적절하게 대응하는 것이 가능할 것이다."

다는 사실을 무시한다.

행동주의 심리학은 심리과정을 주관적으로 연구하는 것을 거부하고 객관적으로 관찰 가능한 데이터를 기초로 하는 (자연)과학적 심리학을 세우려 하였다. 그리고 인지심리학은 정신과정을 연구하되 객관적이고 과학적인 방법으로 연구하려 한다.

자극-반응심리학은 종종 전화국의 자동교환기에 비유된다. 자극이 들어오면 뇌 속에서 신경들 사이의 상호연결과 자동변환을 거쳐 반응이 나온다. 이와 달리 인지심리학은 현대적인 데이터 처리 시스템인 컴퓨터에 비유될 수 있다. 뇌 속에 어떤 정보가 들어오면 그 정보들을 모으고 이미 저장된 정보들과 비교하고 변환하며 재분류하는 등의 여러 가지 방식으로 처리한다. 어떠한 반응이 나오는가는 이러한 정보 처리과정에 달려있다. 지금에 와서 보면 인간의 뇌라는 것이 케네스 크레이크(Kenneth Craik)가 낙관적으로 설명하듯 늘 그렇게 이성적으로 작동하지는 않는 것 같다. 때로는 우리가 모르는 다른 파워가 여전히 작동 중임에도 우리 인간의 '컴퓨터' 는 다운될 경우도 있다. 우리가 모르는 파워를 우리는 '무의식' 이라고 부른다. 이 이론은 지그문트 프로이트(Sigmund Freud)에 의해 발전되었다.

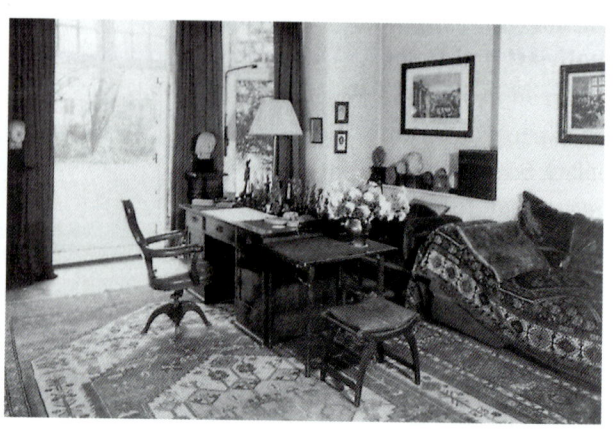

그 유명한 소파가 놓여있는
프로이트의 방.

정신역학적 심리학 – 동기와 충동

왓슨이 실험실에서 '블랙박스'를 발견하고도 그 불가사의한 내용물에 관심을 두지 않고 있을 때, 그리고 미국에서 행동주의 심리학이 꽃을 활짝 피우고 있을 때, 오스트리아의 빈에서는 지그문트 프로이트라는 한 유태인이 소파에 앉아 이 '블랙박스', 즉 무의식에서 무슨 새로운 소리가 흘러나오는지 귀를 기울이고 있었다. 정신분석적 혹은 정신역학적 연구는 실험실을 떠나서 개별사례 연구를 통해 인간을 인간이도록 하고 인간을 인간으로서 행동하게 만드는 것이 무엇인가를 내적 성찰을 통해 관찰하려 한다.

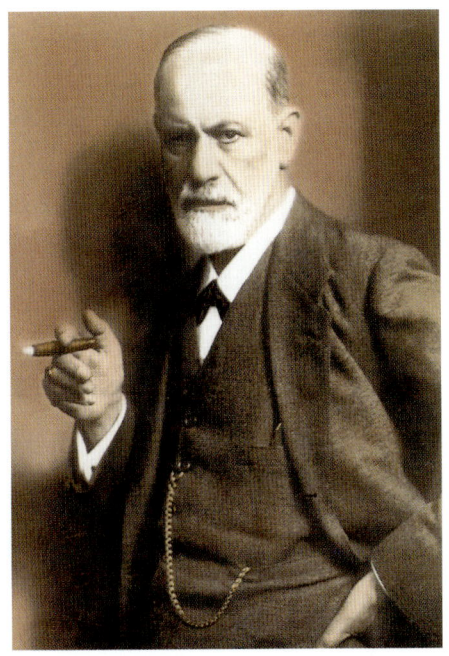

정신분석의 창시자 지그문트
프로이트(1856~1939)

인간 행동의 많은 부분은 무의식이 작용한 결과라는 것이 프로이트 이론의 기본 전제이다. 프로이트가 말한 무의식이란, 의식되지는 않지만 그럼에도(또는 바로 그렇기 때문에) 인간의 행동을 규정짓는 생각, 두려움, 소망 등을 의미한다. 우리가 아이 때 부모나 다른 어른에 의해 금지되어 있음에도 불구하고 그것을 어겨 벌을 받도록 했던 많은 충동들은 타고난 성향에 기인한 것이라고 프로이트는 믿었다. 이 충동들은 타고난 것이기 때문에 지속적으로 영향을 미친다. 따라서 어떠한 식으로라도 분출 방향을 잡아주어야 한다. 외부로부터의 금지는 이 충동들을 의식에서 무의식으로 쫓아낸다. 그리하여 무의식 속으로 쫓겨 들어간 이 충동들은 난동을 부리면서 우리의 행동에 영향을 행사하는 것이다. 프로이트에 따르면 무의식적 충동은 꿈, 말 실수, 이상한 버릇, 신경증 등에서 자신을 표현하거나 예술, 문학, 학문 같은 고상한 형태로 '승화'되기도 한다.

프로이트는 결정론자였다. 인간의 행동에는 원인이 있고, 그 원인은 종종 의식적인 이성에 있기보다 무의식적인 동기에서 나온 것이라고 그는 생각했다. 인간의 본성을 바라보는 프로이트의 시각은 매우 비관적이다. 인간은 동물과 같이 동일한 충동, 특히 성(性)과 공격성에 의해 지배되며, 이 충동을 제어하려는 문화나 사회와의 끊임없는 투쟁에 놓여있다고 그는 주장했다. 공격성을 근본적 충동으로 보았기에 프로이트에게 인류의 평화로운 미래에 대한 전망은 어둡게 보였다. 결과적으로 이 점에서 프로이트가 아주 많이 틀린 것 같지는 않다. 물론 프로이트가 내세운 근거가 아주 적절하게 맞는 것은 아니지만 말이다.

현상학적 심리학 – 우리는 무엇인가를 어떻게 경험하는가?

행동주의 심리학과 정신분석학은 적어도 한 가지에서는 공통적이다. 이 두 심리학은 비교적 기계론적이다. 인간은 외적 자극에 의해, 아니면 무의식에 의해 조종된다고 이들은 믿는다. 이런 입장에 반기를 든 심리학이 1970년대를 풍미했다. 이것이 바로 인간학적 심리학 또는 주관주의적 심리학이라고도 불리는 현상학적 심리학이다.

현상학적 심리학의 관심은 오로지 개인의 주관적 체험에 집중된다. 한 개인이 무엇인가를 어떻게 지각하며 일어난 일을 해석하는가를 현상학적 심리학은 알고자 한다. 다시 말하자면 개인의 현상학이 이 심리학의 중심 주제이다. 현상은 이론적, 개념적 도그마 없이 그것을 경험하는 사람의 입장에서, 그리고 그 현상을 어떻게 경험하는가에 따라서 이해된다. 인간의 행동을 관찰하는 것보다 인간이 자신과 그를 둘러싼 세계를 어떻게 지각하는가를 연구하는 것이 인간의 본성에 대해 더 많은 것을 밝혀낼 수 있다고 현상학적 심리학자들은 확신한다. 두 사람이 똑같은 상황에서 전혀 다르게 행동할 수도 있다. 두 사람이 각기 그 상황을 어떻게 지각하고 해석하고 판단하는

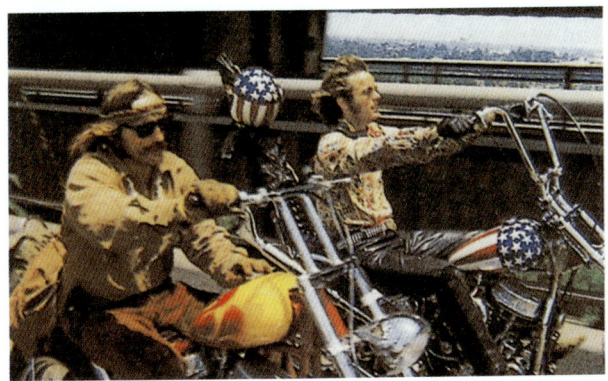

인간은 자신과
그를 둘러싼 세계를
어떻게 지각하는가?
무엇이 자유와 관용에
대한 욕구로 하여금
관습에 대한 조소나
폭력으로 끝나게
만드는가?

지 알 때, 우리는 그들의 행동을 제대로 이해할 수 있다. 이러한 생각
에 따르면 인간은 통제될 수 없는 충동에 조종되는 것이 아니라, 인
간 자신이 스스로의 운명을 조종하고 있다고 말할 수 있다. 철학적
으로 말하자면 결정론과 자유의지와의 갈등인 셈이다.

　이전의 이론들은 과학적 방법에 큰 가치를 부여했다. 이 이론들
은 결정적인 심리학적 변수를 찾아내어 행동을 예측하거나 제어하
는 데 그 변수들을 이용하려 한다. 그러나 현상학자들은 이와 아주
다르다. 중요한 것은 예상이나 통제가 아니다. 그들은 인간의 내적
경험에 대해 알고자 한다. 동물의 행동은 예측이 가능하고 또 외적
요인에 의해 그 행동을 통제하는 것도 가능하지만, 인간에 있어서는
그렇지 않다고 현상학자들은 말한다. 인간의 행동은 그 무엇보다도
인간이 세계를 어떻게 지각하는가에 달려있다는 것이다.

　많은 현상학적 이론은 '인간학적' 이론이라고도 불린다. 이 이론
이 인간을 동물과 구별 짓게 만드는 것(특히 자유의지와 자기실현에 대
한 욕구)에 관심을 집중하기 때문이다. 인간학적 이론에 따르면 인간
은 그 무엇보다도 성장과 자기실현의 욕구에 의해 움직인다. 누구
에게나 자신의 가능성(잠재능력)을 가능한 한 최대한으로 실현시키
려는 기본욕구가 있다. 문화와 사회의 다양한 저항에 부딪힌다고

해도 누구나 자신의 잠재능력을 실현시키고자 한다. 많은 인간학적 심리학자들은 심지어 과학적 심리학을 완전히 부정하기도 한다. 과학적 심리학의 방법이 인간에 대해 의미 있는 무엇인가를 밝혀낼 수 있는가에 그들은 회의적이기 때문이다.

인간학적 심리학은 격리된 실험실 심리학의 지배에 대한 반동이었다. 인간을 실제로 움직이고 인간이 건강한 정신을 유지하도록 도움을 주는 것이 무엇인가를 알아내는 것이 그들에게는 중요한 문제였다. 과학적 연구와 인간의 실제적 경험, 이 둘 중 하나만을 택하는 극단적 선택은 필요하지도 않고 또 의미 있는 것도 아니라는 사실을 우리는 보게 될 것이다.

이론들의 상호보완

각각의 심리학 이론들을 좀 더 자세히 살펴보기로 하자. 심리학이 밝혀내고자 하는 모든 현상은 다양한 시각에서 연구될 수 있다. 예를 들어 공격성의 경우, 두뇌생리학 성향의 심리학자는 인간이 화를 낼 때 두뇌의 어떤 부분이 활성화되는가를 알고 싶어 할 것이다. 행동주의 심리학자는 아마도 한 개인이 다른 사람들보다 공격적으로 되는 데에 교육은 어떠한 영향을 끼쳤는가를 밝히고자 할 것이다. 그리고 공격적인 행동을 유발시키는 자극들과 상황들을 알아내려 할 것이다. 인지심리학자는 사람들이 특정한 사건을 어떻게 느끼는가(위협적으로 혹은 기분 나쁘게) 그리고 그 느낌이 정보에 의해 어떻게 변화, 혹은 수정될 수 있는가를 탐구할 것이다. 정신분석가는 어릴 때의 경험을 조사하여, 어떻게 공격성이 어릴 때부터 억압되고 금지되고 조장되고 통제되었는지를 알아내려 할 것이다. 인간학적 심리학자는 자아실현의 욕구가 어떻게 봉쇄되어 공격성이 나타나게 되었는지에 초점을 맞출 것이다.

이 모든 이론들은 행동(가령 공격적인 행동)의 변화를 이끌어내기 위해서도 각기 다른 방법 혹은 '처방'을 내놓는다. 신경학자는 뇌 속에서 공격성을 유발시키는 신경 전달과정을 억제하기 위해 생화학적 물질이나 약을 투여하거나 신경외과 수술을 선택할 것이다. 행동주의 심리학자는 비공격적 행동을 조장하고 장려하는 학습 프로그램을 개발할 것이다. 교육심리학자들은 비슷한 방식을 취하면서도 그 사람이 공격적으로 변할 때의 인식과정에 좀 더 주목할 것이다. 그리고 공격성을 유발시키는 상황들이 다르게 받아들여질 수 있다는 사실에도 관심을 기울일 것이다. 직장에서 돌아온 남편이 밥은 언제 먹느냐고 아내에게 물었을 때, 그 말을 아내가 어떻게 받아들이는가에 따라 아내의 반응도 다양하게 나타날 것이다. 아내는 그 질문을 단순히 알고 싶어서 물은 것으로 느낄 수도 있고 아직도 밥이 준비가 되지 않았느냐는 질책으로 받아들일 수도 있다. 이러한 '인식'의 차이에 따라 남편의 단순한 질문에 대한 아내의 반응이 공격적일 수도, 공격적이 아닐 수도 있다. 정신분석가는 공격적인 행동이 무의식 속의 그 누구에게 책임이 있는가를 밝혀내려 할 것이다. 남편은 아내의 무의식 속에서 아버지로 받아들여졌을 수도 있다. 또 정신분석가는 이 공격성이 다른 통로를 통해 다른 대상으로 돌려질 수 있는 길을 찾으려 할 것이다. 인간학적 심리학은 두 사람에게 자신을 실현시키고 서로 만족할 수 있는 역할 분담을 제안할 것이다.

발달이란 무엇인가?

인간은 포유류 중에서 가장 긴 성장기를 가진다. 스스로 먹을 것을 획득하고 홀로 삶을 꾸려나갈 수 있을 때까지 그만큼 오랜 기간이 걸린다는 뜻이다. 원숭이는 생후 몇 달 정도면 어미로부터 떨어지고, 침팬지의 경우에는 2년이 걸린다. 인간의 경우에는 그보다 훨씬 많은 햇수를 필요로 한다. 그 기간에 그만큼 배워야 할 것도 많다.

자연과 양육 – 타고나는가, 길러지는가?

발달 심리학에서는 '자연 대 양육'이라는 이데올로기 전쟁이 수십 년 동안 계속됐다. 행동이나 성격이 타고나는 것인가 아니면 길러지는 것인가를 둘러싼 논쟁이었다. 지금은 '이것 아니면 저것'에서 '이것도 저것도'로 화해가 이루어진 상태이다. 유전자와 환경은 이해하기 쉽지 않은 복잡한 방식으로 인간의 발달에 함께 참여한다.

아주 단순하게 말하자면 인간은 프로그램대로 움직이는 세탁기와 같다고 할 수 있다. 평균적으로 1년 정도가 지나면 아이는 혼자 일어서서 걸음마를 배우기 시작한다. 늦어도 3년이 지나면 기저귀를 떼고 18년이 지나면 운전면허를 딴다. 옛날에는 어느 집 아이가 먼저 대소변을 가리는가를 경쟁했던 적도 있었다. 지금은 이런 '요강 올림픽'이 사라지는 대신, 경쟁이 뒤에서 앞으로 옮겨져 어느 집 아이가 먼저 말을 하느냐가 엄마들의 관심사가 되었다.

부모들이 아무리 노력을 한다고 해도 자연적인 한계는 있기 마련이다. 태중에서부터 교육을 시킨다 해도 아이가 첫돌 이전에 완전한 문장을 말하는 것은 불가능하다. 그렇지만 아이에게 말을 하는 것은 중요하다. 아무도 아이에게 말을 하지 않으면 아이는 죽거나 발달장애를 입거나 정신병에 걸리기 쉽다. 이것을 '병원증후군'이라 부르는데, 르네 스피츠(Rene Spitz)라는 심리학자가 발견하여 연구한 후 개념화시킨 것이다.

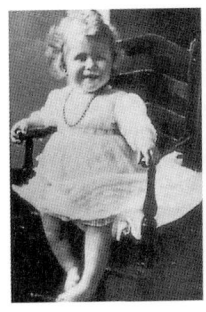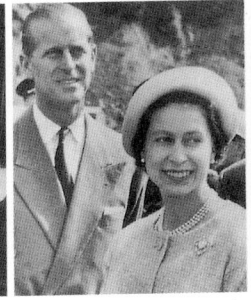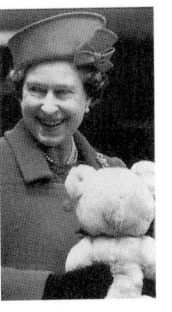

타고나는 것인가 아니면
길러지는 것인가?
인간의 발달에는 유전자와
환경이 함께 작용한다.

선천적으로 활동적이며 잠이 별로 없는 아이들도 있다. 반면에 어떤 아이들은 마치 겨울잠 자는 동물처럼 조용히 잠만 잔다. 아침형 인간과 저녁형 인간은 만들어지는 것이 아니라 태어나는 것이다. 똑같이 운동 성향을 가지고 태어난다고 해도 그 욕구를 스포츠를 통해 푸는가, 싸움질로 푸는가는 외적인 영향과 교육에 달려있다. 알래스카의 웃쿠 에스키모족 사이에서는 공격적 행동은 세련되지 못한 짓으로 여겨진다. 아이가 두세 살이 되면 부모는 아이의 공격적 행동에 제재를 가하기 시작하는데, 그 방법이란 아이가 공격적 행동을 하면 아이에게 관심을 기울이지 않는 것이다. 그런데 그 방법은 꽤 효과적이어서 조금 더 성장한 웃쿠 에스키모 아이들에게서는 공격적 행동이 거의 나타나지 않는다. 미국 사회에서는 아이들의 공격성은 그들이 자라난 환경과 가정에 일부분 책임이 있다고 알려져 있다. 평균적으로 볼 때 아주 가난한 가정의 아이들이 중산층이나 상류층 출신의 아이들보다 공격적이다. 이 공격성이 어떻게 표현될지는(주먹질, 소리 지르기, 퇴행, 논쟁) 부모가 얼마나 모범을 보이느냐, 그리고 부모가 그것을 어떤 방법으로 조장 아니면 금지하느냐에 달려있다.

인간의 발육
우리는 인간의 행동이 유전적 요인에 의해 상당한 정도로 규정되어

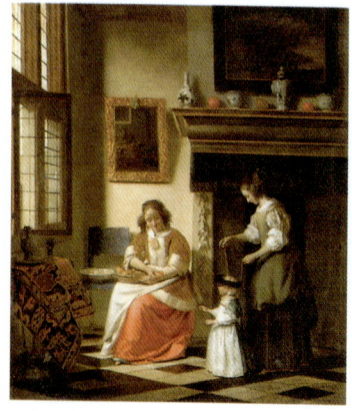

인간은 걷는 능력을 타고난다.
그 능력은 정해진 스케줄에
따라 점차 발전된다.

있음을 분명히 하기 위해 발육이라는 개념을 사용한다. 이 개념은 태아의 성장과정을 보면 쉽게 이해할 수 있다. 태아는 거의 외부세계와 동떨어져 유전적으로 주어진 프로그램에 따라 성장한다. 아이가 너무 일찍 태어나는 경우에는(임신 후 약 26주부터 조산이 일어날 수 있다), 보통 인큐베이터에서 성장을 계속한다. 아이의 성장은 물론 풍진 같은 엄마의 질병이나 니코틴, 알코올 같은 마약성분에 의해 방해를 받을 수도 있다.

환경조건에 의해 방해받지 않는 경우, 아이는 그가 속한 문화에 상관없이 처음 몇 년 사이에 거의 동일한 성장속도로 커나간다. 조금 일찍 크는 아이도 있고, 조금 늦게 발육하는 경우도 있고, 태어나면서부터 급격한 성장을 보이는 경우도 있다. 그러나 이런 개별적 편차에도 불구하고 크게 보아 비슷한 성장 형태를 보여준다.

유아의 능력

오랫동안 사람들은 유아를 그저 잠이나 자다가 깨어 울고 젖병을 물려주면 다시 잠드는 지극히 수동적 존재로 인식했다. 그러나 심리학은 비디오 녹화 같은 새로운 연구기술을 통해 아기들이 태어나는 순간부터 매우 활동적이란 사실을 밝혀냈다. 아기들은 생후 2일 만에 벌써 여러 가지 맛을 구별할 수 있다고 한다. 짜거나 쓰고 밍밍한 것보다 단맛을 아기들은 좋아한다. 이때 이미 단맛의 강도를 구별할 수 있다고 한다. 일반적으로 아기들은 목마른 어른이 물마시듯 먹는다. 서너 번 힘차게 빨면 젖병이 비워지고, 그러면 쉰다. 젖병에 단맛 나는 것이 들어 있으면 물이나 덜 단 것을 줄 때보다 더 빨

걷기

아이들이 실제로 걸음마를 배운다고는 할 수 없다. 걷는 능력은 약간의 개인적 편차가 있긴 하지만 비교적 확실한 계획표를 따라 발전해 나간다.

2개월	머리를 든다.
3개월	몸을 뒤집는다.
4개월	기대고 앉는다.
6개월	혼자 앉는다, 짚고 선다.
9개월	짚고 걷는다.
10개월	기어 다닌다.
11개월	혼자 선다.
12개월	혼자 걷는다.

리, 더 세게 빤다. 당분 함량을 두 배로 올렸을 때 젖꼭지에 닿는 혀의 압력도 두 배로 높아졌다. 이것으로 보아 단맛을 좋아하는 성향은 길러지는 것이 아니라 타고나는 것이라는 것을 알 수 있다. 아기들은 냄새에도 민감하다. 이미 여러 가지 냄새를 구별하며 신 냄새나 자극적 냄새

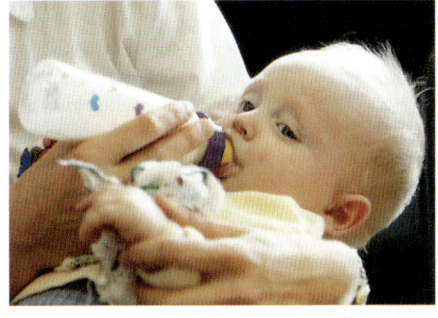

신생아는 생후 2일 만에 벌써 여러 가지 맛을 구별할 수 있다.

보다 단 냄새를 좋아한다. 생후 3, 4일이 되면 중요한 냄새를 구별하여 자기 엄마의 모유 냄새가 나는 쪽으로 고개를 돌리고 다른 엄마의 모유 냄새에는 반응을 보이지 않는다.

호기심도 타고 태어나는 것 같다. 아기는 새로운 소리가 들리면 잠시 먹는 것을 멈춘다. 같은 소리가 계속 들리면 그때에서야 젖 빠는 행동을 계속한다. 그러다 소리가 달라지면 새로운 것을 경험하기 위해 다시 행동을 멈춘다.

신생아는 자신의 앞에서 움직이는 물체를 눈으로 좇을 수 있다. 물론 그 물체에 대충이라도 안구의 초점을 맞출 수 있는 것은 한 달이 지나서야 가능하다.

인간은 생후 최초의 2년 사이에 가장 많은 것을 배운다. 앉기, 쥐기, 기어가기, 걷기 등은 근육과 신경, 뇌, 그리고 다른 신체부위들이 발달함으로써만 가능하다. 모든 아기들은 배우지 않고도 이것들을 해낸다. 하지만 심리학자들은 외적 영향에 의해 이 발육과정이 도움을 받는지 혹은 방해를 받는지, 촉진되는지 혹은 지체되는지를 밝히고자 줄곧 노력해 왔다.

놀아주기

고아원에서 컸거나 다른 사람들과의 교류가 적었거나 좁은 공간에서 성장한 아이들은 더 좋은 환경에서 자란 아이들보다 앉기, 서기,

걷기를 늦게 배운다. 이란에 있는 한 고아원을 관찰한 보고에 의하면 두 살배기의 42%만이 앉을 수 있고 네 살배기의 15%만이 혼자 걸을 수 있었다. 그 고아원의 아이들에게는 기본적으로 먹을 것이 주어지고 씻겨주기도 했지만 같이 놀아주는 사람은 없었다.

아이들은 놀아주는 사람이 있을 때 더 빨리 그리고 튼튼하게 자란다는 사실을 확인시켜 주는 실증적 증거를 학자들은 원했다. 그리하여 한 무리의 아이들은 계속 이전처럼 지내게 했고, 또 다른 무리의 아이들에게는 하루에 한 시간씩 놀이시간이 주어졌다. 놀이시간에는 아이들을 깨워 장난감을 나누어주었다. 한 달 후가 되자 벌써 놀이집단의 아이들이 발달 면에 있어 눈에 띄게 앞서 나갔다.

아기들에게는 같이 놀아주는 것이 필요함을 우리는 알고 있다. 아기가 울면 엄마들은 "또 놀아달라고 그러지?"라고 말한다. 실험으로 밝혀진 바에 따르면, 아이들은 오락을 원하는 것이 아니라 배우기를 원한다. 아마 실험실 밖에서는 놀아주기라고 부를 만한 몇 가지 조치(아이를 팔에 안거나 배 위에 올려놓아 천장이 아닌 다른 것을 볼

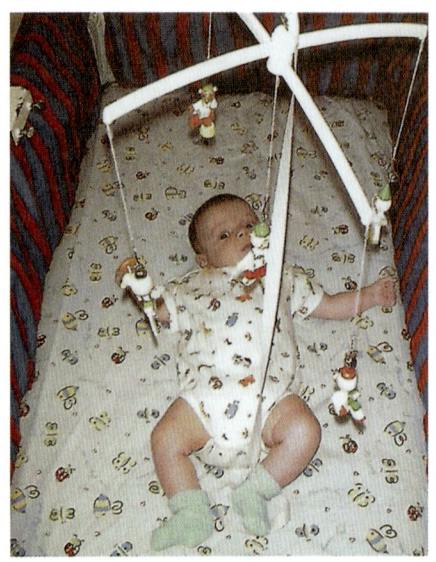

아기는 놀이를 필요로 한다. 놀이는 아이의 연령에 맞아야 한다.

수 있게 해준다. 이불을 하얀색에서 여러 색의 무늬가 들어있는 것으로 바꾸어 준다. 알록달록한 모빌을 침대 위에 걸어준다.)만으로도 아이들은 한 달 반 만에 다른 통제집단 아이들의 발달과 비교할 때 앞서 나간다는 사실이 확인되었다. 한 가지 점에서는 그 아이들이 오히려 뒤떨어졌는데, 다른 그룹의 아이들보다 자신의 손을 관찰대상으로 삼는 것이 반년 늦게 나타났다. 그래서 학자들은 이렇다 할 놀 거리가 없을 경우에 아이들은 자신의 손을 가지고 논다고 추측한다.

모든 연구에는 그와 반대되는 연구들이 있다. 그 사이 정반대의 결과를 보여주는 연구가 발표되었다. 너무 많은 자극에 노출된 아이들은 스트레스를 받는다는 것이 그 연구의 결과이다. 아이들은 아직 많은 자극을 소화시킬 수 있을 정도의 능력을 발휘할 수는 없는 것이다. 아이들은 자기 연령에 맞게 놀이가 주어졌을 때(매달 더 많이) 가장 좋은 성장발달 결과를 보여주었다.

망가진 아동기 – 망가진 인생?

다행스런 사실부터 밝히자면 힘든 아동기를 거쳤다고 해서 꼭 미래가 어두운 것은 아니다. 위에서 이미 언급했던 이란의 고아들 중 2살 이전에 입양된 아이들은 아주 정상적으로 성장했다.

과테말라에서 관찰된 결과도 그것을 증명한다. 오지에 있는 한 마을의 사람들은 태양과 공기가 병을 일으킨다고 믿기 때문에 아이가 태어나면 1년 동안은 창문이 없는 집 안에서 아이를 키운다. 아이는 이리저리 기어 다닐 수도 없고 부모가 놀아주는 일도 별로 없다. 그 아기들이 첫돌이 지나 집 밖으로 나왔을 때, 육체적인 능력면에서 같은 나이의 미국 아이들과 비교해 뒤처져 있었다. 그러나 3살이 되자 그 차이는 전혀 찾아 볼 수 없게 되었다.

좋지 않은 보고도 있다. 유아기 때의 힘든 경험이 후일의 언어능력, 지능, 정서발달에 장애를 줄 수 있다. 아이가 태어난 지 3년 동안 학습의 기회를 가지지 못했을 경우(예를 들어 아무도 아이에게 말을 하지 않았다거나, 아무도 아이에게 책을 읽어주지 않았다거나, 혹은 아이가 주위 환경을 알아가는 데 도움을 주는 사람이 아무도 없었다거나), 그 아이는 학교에 들어갔을 때 지능이나 언어능력에서 다른 아이들에게 뒤처진다. 그리고 그 차이를 끝까지 따라잡지 못한다.

지적으로 자극을 주는 환경이 지능의 발달에 얼마나 중요한가는 1939년의 유명한 연구에서 확인할 수 있다. 발달이 지체된 한 무리의 고아들(발달지체 때문에 입양도 어려웠다)을 정신장애자 치료소로 옮겨 장애가 심하지 않은 소녀들이 각 한 명씩 아이를 맡아 대리모 역할을 하면서 아이들과 놀아주며 아이들에게 얘기도 하고, 그리고 아이들에게 일상적인 일을 가르쳤다. 과밀한 고아원과 달리 그곳은 공간도 넓었고 장난감도 갖추어져 있었다. 아이들이 걷기 시작하자 유치원에 다니게 되었는데 이곳에서 아이들은 다양한 놀이와 교육을 접할 수 있었다. 4년 후 그 아이들의 지능지수는 평균 32점이 올라간 반면 고아원에 남아있던 아이들의 평균 지능지수는 21점이 떨어졌다. 20년 후에도 여전히 그 그룹은 통제집단보다 정신적으로 월등하게 앞서있었다. 그 그룹의 대부분이 높은 학력을 지녔고 직업이 있었고 결혼을 해서 정상적인 지능을 가진 아이들을 기르고 있었다. 통제집단에 있었던 대부분은 최소한의 교육을 받았고 고아원에 살거나 그렇지 않으면 생활조차 스스로 꾸려나가지 못하고 있었다.

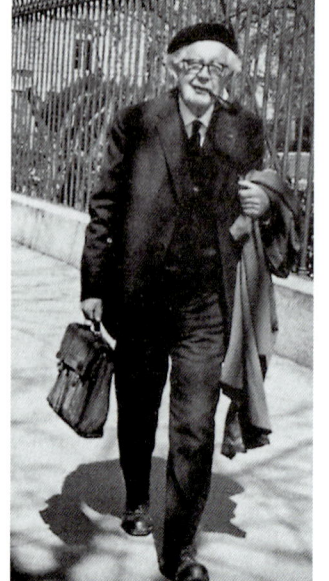

지적 발달단계 이론을 만들어낸
스위스의 심리학자
장 피아제(1896~1980)

지적 능력은 타고나는 것이지만 그것을 펼치기 위해서는 좋은 조건이 함께 갖춰져 있어야 한다는 사실을 이 연구는 보여주고 있다.

발달

인식의 발달

우리는 팔이 우리 몸의 한 부분임을, 그리고 그 팔을 기대고 있는 의자의 팔걸이는 우리 몸이 아님을 안다. 우리는 모자가 탁자 위에 놓여있든 옷걸이에 걸려있든 그것이 우리 것임을 안다. 우리는 외출을 할 때 길을 건너면서 돌아올 때 다시 그 길을 반대쪽에서 건너야 함을 안다. 우리는 납으로 된 공이 플라스틱 공보다 무거움을 안다. 그렇기에 납공을 들어 올릴 때 더 단단히 잡아야 함을 또한 알고 있다.

이 모든 것, 그리고 그 밖의 더 많은 것들을 우리는 알고 있다. 우리는 어떻게 그것들을 알게 되었나? 우리는 어떤 방법으로 그것들을 배웠는가? 심리학자들은 이것을 알고자 한다. 위에 열거한 아주 당연한 일들도 아이들은 처음부터 배워야 하기 때문이다.

스위스의 심리학자 장 피아제(Jean Piaget)는 자신의 아이들, 그리고 다른 아이들이 자라는 모습을 관찰하여 사고발전 이론을 만들어 냈다. 인식능력, 즉 지능은 태어나는 순간부터 12살을 넘어설 때까지 주위 환경과의 상호작용을 거치면서 발전한다는 것이 피아제의 사고발전 이론이다. 피아제는 지적 발달단계를 이렇게 나눈다.

피아제는 아이들이 손으로 물건을 잡기를 좋아하고 입에 손을 넣는 것을 보고 제 1단계를 감각운동적 단계라고 이름 붙였다. 대략 생후 2년간에 걸친 이 단계에서 아이들은 감각과 운동이 서로 연관되어 있음을 알게 된다. 예를 들면, 어떤 물건을 집으려면 얼마나 팔을 뻗어야 하는지, 그릇을 상 모서리 너머로 밀면 무슨 일이 일어나는지, 엉덩이는 자신의 몸에 속하지만 그 엉덩이를 올려놓고 있는 의자는 자신의 몸이 아니라는 것 등을 알게 된다. 셀 수 없는 반복 경험을 통해 아이들은 자신이 주위 환경과 구분된 또 다른 개체라는 사실을 깨닫게 된다. 이 시기의 가장 위대한 발견은 '대상 영속성'이다. 대상 영속성이란 다른 곳을 보거나 가려져 있어 물건을 내가 보지 못하더라도 그것이 거기 있음을 아는 것을 말한다.

생후 8개월 된 아이의 눈앞에 있는 장난감을 가리면 아이는 곧바로 그 장난감에 대한 관심을 잃어버린다. 그리고 그 장난감을 되찾으려는 어떤 시도도 하지 않는다. 장난감은 그 아이에게 한마디로 존재하지 않는 셈이다. 눈에서 멀어지면 생각도 사라지는 것이다. 그러나 그 후 2개월이 지나면 아이는 가려진 장난감을 되찾아온다. 그 사이 아이는 장난감이 눈에 보이지 않더라도 사라지는 것이 아니라는 사실을 배운 것이다. 피아제는 이것을 대상 영속성이라고 부른다.

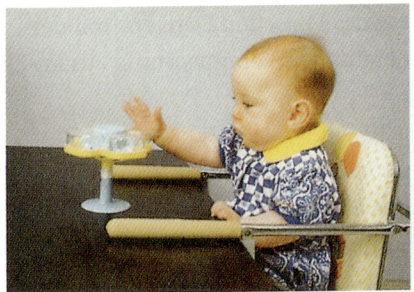
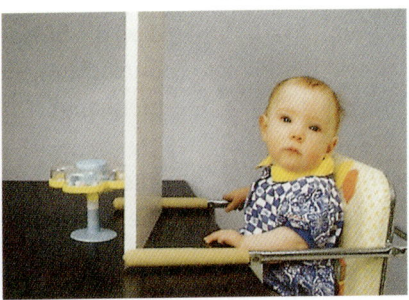

전조작적(前操作的) 단계는 2세부터 7세까지의 기간이다. 이 시기에 아이들은 사물을 지칭하는 말을 배우게 된다. 하나의 물건은 또 다른 어떤 것을 표현하거나 혹은 상징할 수 있게 된다. 세 살배기에게 막대기는 탈 수 있는 말이 되고, 나무 블록은 자동차가, 인형은 아기나 엄마가 된다.

이 단계의 아이들은 언어와 상징을 사용하기는 하지만 그것을 확실한 법칙 혹은 '조작'에 따라 논리적 연관 위에서 쓰지는 못한다. 이 시기를 전조작적 단계라고 부르는 것은 그 때문이다. 피아제는 '조작'을 정보가 전달되는 질서 있는 과정이라고 생각했다. 이 과정은 거꾸로도 가능한데 피아제는 이것을 '가역적'이라고 불렀다. 모든 조작은 논리적 역과정도 가능하다. 피자 한 판을 같은 크기로 4등분 하는 것은 조작이다. 이 4조각을 모아 다시 피자 한 판의 모양으로 만드는 것은 가역적 과정이다. 전조작적 단계의 아이들은 가역적 과정을 수행하지 못한다. 피아제는 이 단계 아이들의 이러한 능력 부족을 '총량 불변성'이라는 개념으로 구체화시켰다.

어른인 우리들에게는 총량 불변성이 너무도 자명하다. 한 판의 피자는 그냥 둥근 채로 있건 몇 조각으로 잘라져 있건 그 양은 똑같다. 1천 밀리리터의 맥주를 5백 밀리리터의 두 잔에다 나누나 더 작은 맥주잔 여러 개에 나누나 양은 변하지 않는다. 아이들이 이 사실을 알려면 몇 년이 지나야한다. 아이들이 총량 불변을 이해하는 데에 어려움이 있는 이유는 아마도 아이들이 주로 형태를 통해 사고하

피아제의 지적 발달단계

단 계	능 력
감각운동적(출생-2세) 단계	세계를 이해한다. 1차적 연관성을 안다. 나와 나 아닌 것을 구별한다. 대상 영속성을 알게 된다.
전조작적(2-7세) 단계	간단한 말을 하고 단순한 상징을 이해한다.
구체적 조작(7-11세) 단계	총량 불변성을 안다. 크기와 무게에 따라 분류한다.
형식적 조작(11세 이상) 단계	상징적 사고. 다른 사람의 입장에서 생각한다. 세계를 다양한 시각에서 본다.

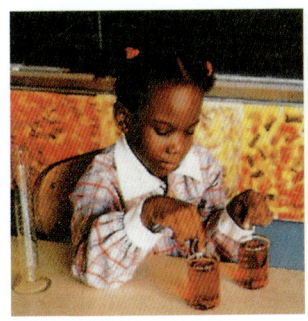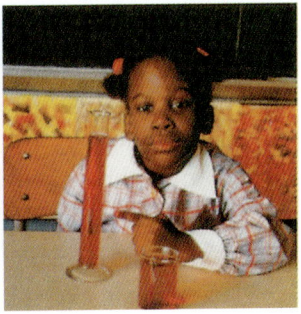

어른들에게는 총량 불변성이 너무도 자명한 것이라 따로 설명이 필요 없다. 일정한 양의 액체는 넓고 짧은 컵에 담기든 가늘고 긴 컵에 담기든 그 양이 똑같다. 하지만 아이들이 이 사실을 깨우치게 되는 데에는 몇 년이 걸린다.

기 때문이라고 추측된다. 아이들에게는 작은 잔 여러 개에 담긴 맥주가 큰 잔 하나에 담긴 맥주보다 많아 보이는 것이다.

구체적 조작의 단계에 들어서면 아이들은 피자가 둥그런 한 판일 때나 여러 조각으로 나누어졌을 때나 양은 똑같다는 것을 알게 된다. 아이들은 논리적 사고를 할 수 있게 된다. 또 물건들을 크기와 무게에 따라 차례로 정리할 수 있게 되고, 혼자 친구네 집을 찾아갈 수도 있다. 하지만 아직은 친구네 집으로 가는 길을 다른 사람에게 설명하지는 못한다. 5세 정도의 아이는 친구네 집에 갈 때 어디서 왼쪽으로 가야 하는지, 어디서 오른쪽으로 접어들어야 하는지를 알고 있다. 9세가 되면 아이들은 친구네 집으로 가는 길을 종이 위에 그려서 다른 사람에게 가르쳐줄 수도 있다. 이 단계에서 아이들은 추상적 개념을 사용하기는 하지만 구체적 대상과 연관을 지어서만 쓸 수 있기 때문에 피아제는 이 단계를 구체적 조작의 단계라고 불렀다.

11세나 12세부터 시작되는 형식적 조작의 단계에 들어서서야 아이들은 비로소 온전한 상징적 사고를 할 수 있게 된다. 가설을 세우고 사고 실험을 하는 것이 가능해진다. 실제로 해보지 않고서도 머릿속에서 '만약 이렇게 한다면 어떻게 될까?' 를 상상할 수 있게 된다. 또 물건을 다른 각도에서 보면 어떻게 보일지를 추리할 수 있게 되고, 상대방을 칭찬하거나 상처 주면 그 사람의 기분이

어떨 것이라는 것을 짐작할 수 있게 된다. 다른 사람의 입장에서 바라보는 것이 가능해지는 것이다. 여기서 우리는 논리적 사고의 발달이 윤리적 책임의식의 발달과 함께 이루어지는 것임을 알 수 있다.

인간은 도덕적으로 태어나지 않는다 – 윤리적 의식의 발달

인간의 이성과 육체가 모두 점차적으로 발달하는데, 도덕 또한 그렇게 성숙해 가는 것은 아닐까? 하버드 대학의 로렌스 콜버그(Lawrence Kohlberg)는 1932년 『어린아이들의 도덕적 판단』이라는 저서를 통해 현재에까지도 영향을 미치는 이론을 발표했다. 콜버그는 아이들의 윤리적 판단능력이 어떻게 성장하는지를 조사했다. 그는 아이들에게 다양한 도덕적 갈등 상황이 들어있는 다음과 같은 이야기를 들려주었다. 그리고 주인공의 행동을 어떻게 생각하느냐고 아이들에게 물어보았다.

한 마을에 어떤 부인이 병이 들어 죽어가고 있었다. 의사들은 그 부인을 살릴 수 있는 약이 있다고 말했다. 그 약은 같은 마을에 사는 사람이 발명한 것이었다. 그 약을 만들어내는 비용은 2백 달러였지만, 약을 만든 사람은 그 약을 2천 달러에 팔았다. 아픈 부인의 남편인 하인즈는 그 약을 사기 위해 여기저기에서 돈을 빌렸다. 그는 자신이 알고 있는 모든 사람에게 가서 돈을 꾸어달라고 사정했다. 그러나 그가 만들 수 있었던 돈은 약값의 절반에 불과했다. 그 남편은 약을 파는 남자에게로 가서 자신의 아내가 죽어가고 있으니 약을 좀 싸게 팔거나 그것이 안 된다면 나머지 약값을 나중에 갚을 수 있게 해달라고 사정했다. 약을 파는 남자는 "안 되오. 내가 그 약을 만들었으니 나도 돈을 벌어야겠소."라고 말하였다. 그래서 하인즈는 그 사람의 가게에 몰래 들어가 약을 훔쳤다.

'하인즈는 그렇게 행동해야만 했는가? 그의 행동은 옳은가, 그른가? 하는 질문이 아이들에게 주어졌다. 콜버그는 도덕적 딜레마가 들어있는 이러한 이야기들에 대한 대답을 분석하여 그 대답들이 본질적으로 세 가지 윤리적 단계로 분류될 수 있다고 보았다.

- **전관습적**(前慣習的) **단계**   **보상과 처벌**
- **관습적 단계**   **법과 질서**
- **후관습적**(後慣習的) **단계**   **상위의 도덕적 원칙**

아이들의 대답은 주인공의 행동이 옳은가 그른가 하는 것에 따른 것이 아니라, 그렇게 판단한 이유에 따라 이 3단계로 분류되었다. 가령, '부인이 죽게 내버려두었다면 하인즈는 곤란한 입장에 빠졌을 것'이라거나 '약을 훔치다가 붙들리면 감옥에 간다'와 같은 이유로 하인즈의 도둑질을 정당화하거나 비판하였다면 그 대답은 전관습적인 단계에 속한다. 이 두 경우에 도덕적 평가는 그 행위가 처벌을 받을 것인가 처벌을 받지 않을 것인가에 의거해 이루어지고 있다.

아이들은 대략 7세 때까지 보상과 처벌에 따라 판단을 내리는 것으로 밝혀졌다. 13세가 되면 아이들은 관습적인 단계에 속하는 판단 근거를 댄다. '다른 사람들에게 좋게 보이는 것이 좋다'거나 '다른 사람에게 친절한 것이 좋다'가 이때의 판단 유형이고, 좀 더 성숙해지면 '자신의 의무를 다 하는 것이 좋다'고 생각하게 된다.

3단계인 후관습적 단계에 도달하는 사람은 많지 않다고 콜버그는 추정한다. 그는 도덕적 사고는 피아제의 사고단계와 나란하게 발전한다고 믿는다. 형식적 조작의 사고단계에 도달한 사람만이 후관습적 단계에 속하는 추상적 윤리원칙을 적용하여 판단할 수 있다는 것이다. 콜버그의 조사에 참여한 16세 이상의 사람들 중에 10%만이 도덕적 원칙과 양심에 따라 판단을 내리는 3단계에 도달해 있었다. 이 단계에 속한 대답의 한 예를 들어보자.

"사회의 법률에 따르면 하인즈의 행동은 옳지 않은 것이다. 하지만 자연의 법률이나 신의 법률로 보면 하인즈가 옳고, 약을 만들어 파는 사람이 그르다. 사람의 생명은 재물의 이익보다 우선되어야 한다. 다른 사람이 죽어가고 있다면 설령 그 사람이 모르는 사람이라 해도 구하는 것이 사람으로서의 의무이다."

콜버그 이론의 비판자들은 양심의 성숙이 사고의 발달에 달려있는 것만은 아니라고 주장한다. 친구들의 영향, 부모의 태도, 그리고 텔레비전 방송 등이 커가는 아이들이 도덕적 판단을 형성하는 데 영향을 미친다는 것이다. 또 인간은 어떤 나이에서든 상황에 따라 이 단계에서 저 단계로 옮겨 다닐 수 있다는 반론도 제기되었다. 우리가 제한속도를 지키는 이유는 늘 생명에 대한 외경심 같은 지고한 윤리적 숙고에 따르기 때문이라기보다는 경찰에 걸리는 것을 원하지 않기 때문이다. 게다가 제한속도 위반을 도덕적으로 용인하지 않는다고 해도(그 이유가 소박하건 숭고하건 간에) 자신이 제한속도를 어기지 않으리라는 보장도 없다. 도덕적 판단과 윤리적 행동은 다를 수 있고 심지어 어떤 경우에는 모순적으로 나타날 수도 있다.

관계의 발전

많은 발달 심리학자들은 유아기 어린아이와 주변의 중요한 사람들(특히 부모) 사이의 관계는 후일 그 아이가 다른 사람들과 관계를 맺는 데 커다란 영향을 미친다고 생각한다.

관계의 요람 : 아기의 웃음

아기는 평균적으로 생후 2개월이 되면 엄마의 얼굴을 보고 웃게 된다. 그렇게 되면 엄마는 기뻐서 어쩔 줄 모르게 되고, 그러는 엄마를 보는 아기는 더 웃게 된다. 학자들은 이 시기의 웃음이 엄마와 아기

사이의 관계를 형성하는 데에 중요한 역할을 한다
고 믿는다.

아기들은 아프리카이든 아프가니스탄이든 미국
이든 아시아건 비슷한 나이에 웃기 시작한다. 이것
으로 문화적 조건과는 무관하게 유전적으로 프로
그래밍 된 성장과정이 유아의 웃음과 관련이 있다
는 것을 알 수 있다. 맹인으로 태어난 아기도 부모
의 목소리를 들으면 웃음을 짓는다. 그러나 모든
유전적 기질이 그렇듯이 웃음도 어떻게 북돋움을
받느냐, 혹은 장애에 부딪치느냐가 중요하다. 먹을
것이 주어지고 목욕도 시켜주지만 말을 걸어주는

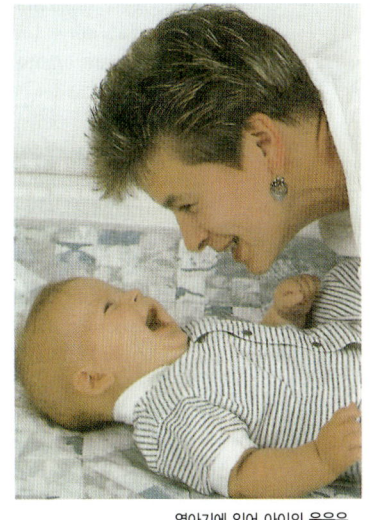

영아기에 있어 아이의 웃음은
엄마와 아이 사이에 밀접한
관계를 형성하는 데 중요한
역할을 하는 것으로 추측된다.

사람이 없는 고아원에서 크는 아이는 점점 드물게 웃음을 보인다. 그
러나 그 아이들을 더 자상하게 보살펴주면 금방 다시 집에서 크는 보
통 아이들처럼 웃게 된다.

유아의 웃음은 그다지 선택적이지 않다. 아기들은 웃는 얼굴이
다가오면 그 누구에게도 웃음을 짓는다는 사실을 알고 엄마들은 때
로 실망하기도 한다. 아기들은 심지어 가면을 보고도 웃는다. 시간
이 지나면서 아기들은 점차 판단을 하기 시작하고 가면보다는 사람
에게, 무뚝뚝한 얼굴보다는 웃음 짓는 얼굴에 더 웃음을 보인다. 아
기가 생후 8, 9개월이 되면 낯을 가리기 시작하면서 엄마나 다른 친
한 사람에게만 웃음을 보이게 된다.

철사로 만들어진 원숭이 엄마 : 애착

아기는 유아 시절에 웃음 이외의 다른 방법으로도 자신에게 중요한
사람들과의 관계를 돈독하게 할 수 있다. 쿵쿵거리는 소리를 내기
도 하고 옹알이를 하며 몸을 기대어 문지르거나 자신을 안고 있는
사람의 얼굴을 빤히 들여다보기도 한다.

아이가 자신이 친근하게 느끼는 사람 곁에 있으려 하고, 그 사람이 함께 있어야 편안함을 느끼는 것을 심리학에서는 애착이라고 부른다. 동물의 새끼들은 다른 방식의 애착 행동을 보인다. 원숭이 새끼는 이동할 때 어미 원숭이의 배에 매달리고, 강아지들은 서로 뒤엉켜서 어미의 따뜻한 품속으로 들어가려고 한다. 오리 새끼나 병아리는 어미 뒤를 졸졸 따라다니다가 위험하다 싶으면 곧장 어미의 날개 밑으로 숨는다. 어린 동물들의 이런 본능적인 행동은 어미를 잃지 않기 위해서이다.

심리학자들은 엄마에 대한 애착은 엄마가 아이를 먹여주고 삶에 필요한 다른 기본적인 것들을 보살펴주기 때문에 생겨나는 것이라고 생각했다. 그러나 이 단순하면서도 감동적인 이론은 관찰의 결과에 모두 들어맞는 것은 아니었다. 오리 새끼나 병아리는 나면서부터 스스로 먹이를 찾는다. 그럼에도 어미 뒤를 따라다니며 곁을 벗어나지 않는다. 따라서 먹는 것 말고도 이들에게 중요한 무엇인가가 있음에 틀림없다. 해리 할로우(Harry Harlow, 1905-1981)가 레수스 원숭이를 가지고 실험한 결과에 따르면 엄마는 먹을 것을 주는 존재를 넘어서는 그 이상의 존재라는 것이다.

갓 태어난 레수스 원숭이들을 어미에게서 떼어내어 철사와 나무 머리로 만들어진 두 개의 인공 대리모 원숭이와 같이 있게 했다. 인공 대리모 하나는 철사로만 만들었고, 다른 하나는 스펀지를 대고 보드라운 모피 질감의 천으로 둘러싸서 아기 원숭이들이 매달리기 쉽고 기대면 편안하게 느끼도록 했다. 두 인공 대리모의 가슴 부분에는 각각 우유병을 부착시켰다.

할로우는 이 실험을 통해 먹이를 주는 엄마가 곧 아기들이 애착을 가지는 엄마인가를 밝혀내고자 했다. 결과는 분명했다. 어떤 인공 대리모가 우유를 주든지 언제나 원숭이 새끼들은 안온한 스펀지 엄마에게 매달렸다. 철저하게 수동적이지만 매달리기 편한 엄마가 안전한 느낌을 주는 것이다. 새끼 원숭이들은 주위 환경을 살펴보려고 할 때는 한 손이나 한 발로 스펀지 엄마를 잡고 있었다. 이것은 사람인 어린아이에게서도 볼 수 있는 행동이다. 아이들은 엄마가 곁에 있을 때에만 새로운 곳을 살펴보려고 한다.

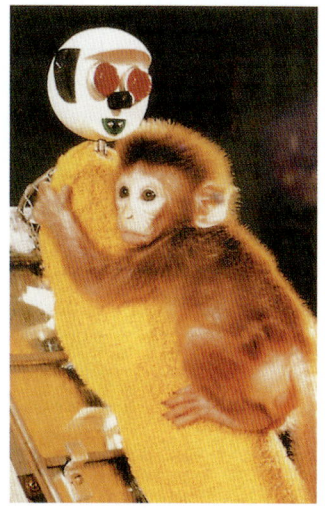

연구가 더 진행되면서 새끼 원숭이들이 엄마에게서 먹을 것이나 안전 이외의 또 다른 것을 찾는다는 사실도 밝혀졌다. 새끼 원숭이들은 움직이지 않는 엄마보다 흔들거리는 엄마를 좋아하며, 차가운 엄마보다 따뜻한 엄마를 좋아한다. 새끼 원숭이들은 스펀지 엄마와 철사 엄마 중 하나를 선택할 수 있을 경우에 언제나 스펀지 엄마에게로 갔다. 그러나 철사 엄마를 따뜻하게 해주었을 때는(적어도 생후 2주까지는) 철사 엄마를 택했다. 원숭이가 좀 더 자라면서 따뜻한 철사 엄마보다는 부드러운 스펀지 엄마를 선호하였다.

실험 원숭이는 보드라운 모피 질감의 천으로 싸여진 스폰지 모조엄마를 선호했다.

그렇지만 원숭이의 경우에 있어서조차도 부드러운 스펀지 엄마가 줄 수 있는 것은 새끼 원숭이들이 건강하게 자라는 데 충분하지 못하였다. 생후 반년 간을 모조 엄마 곁에서 자란 동물들은 커서도 이상한 행동을 보였다. 동료들하고 어울리지도 못했고, 화를 잘 내거나 지나치게 공격적이었고, 성적 행동에 있어서도 문제가 있었다. 다른 원숭이들과의 교류 없이 자란 암컷 원숭이는 어렵게 교미를 시켜 새끼를 낳아도 엄마 노릇을 제대로 하지 못했다. 새끼들을 돌보지 않거나 학대하였던 것이다. 유아기에 있어서 엄마의 의미는 단순히 육체가 필요로 하는 것을 채워주는 존재 그 이상의 것이다.

인간의 경우

인간의 아이의 경우에는 어떠할까? 이 문제를 다룰 때는 조심스러워야 한다. 실험실에서 원숭이에게 특정한 조건을 주고 관찰한 결

엄마와 아이의 관계

- **안정적인 애착** : 아이는 엄마가 돌아오면 엄마에게 안긴다.
  아이와 엄마는 안정적으로 연결되어 있다.
- **불안정한 애착** : 아이는 엄마와의 접촉을 피한다.
  아이와 엄마는 불안정하게 연결되어 있다.
- **애매한 애착** : 아이는 엄마가 돌아오면 방어적으로 행동한다.
  아이는 엄마와의 접촉을 원하면서도 동시에 그것을 피하려고 한다.
  아이는 엄마에게 안기자마자 바로 엄마에게서 벗어나려고 한다.
  엄마와 아이는 불안정하고 애매하게 연결되어 있다.

과를 일상적 삶을 사는 인간에 성급하게 적용할 수는 없다. 그렇다고 해도 인간의 아이도 건강하게 성장하기 위해서는 원숭이와 비슷한 조건을 필요로 한다는 추측을 뒷받침하는 몇몇 증거가 있다. 엄마(혹은 다른 중요한 사람)와의 관계는 아이가 주위 환경에 대한 이해를 넓혀나가는 데 필요한 안전함의 느낌을 갖는 데 중요한 역할을 하고, 후일 아이가 사회적 관계를 맺어나가는 데에도 결정적 영향을 미친다.

엄마와 아이의 관계는 일반적으로 아이가 생후 2년이 되었을 때 가장 밀접하다. 2세 때까지 아이는 엄마 곁에서 떨어지지 않으려 하고 엄마가 옆에 없으면 운다. 2세 이후에는 엄마에게서 떨어지는 것이 조금 쉽다. 평균적으로 3세가 되면 아이들은 엄마가 옆에 없어도 혼자 놀거나 혹은 친구들이랑 같이 놀 수 있게 된다.

다양한 나이의 아이들을 잠시 동안 엄마와 떨어져있게 하는 실험을 했다. 엄마들은 아이들이 있는 방을 떠났다가 3분 후에 다시 돌아왔다. 엄마가 다시 돌아왔을 때 아이들은 흥미

아버지는 무엇을 할까?
가정에서의 역할 때문에
이제까지 아버지는 엄마보다
학문적으로 많이 연구되지
않았다. 그러나 아버지의
영향은 형제자매나 친구들의
영향과 더불어 아이의 사회적
학습에 중요한 역할을 한다.
아이들은 형이나 누나,
또는 친구를 자신의
성장모델로 삼는 경우가 많다.

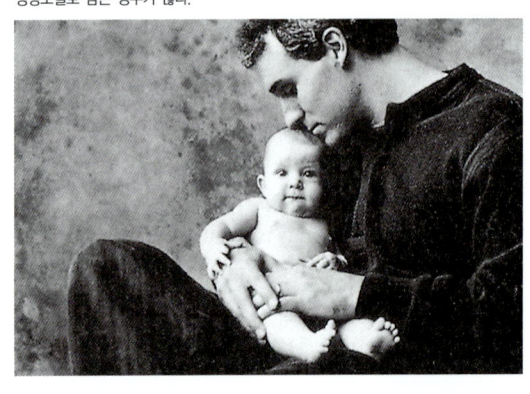

유아기의 애착은 후일 아이의 인성 형성에 중요한 역할을 한다. 애정문제에 부딪친 성인들이 이것을 어떻게 풀어 나가는가를 조사해 본 결과, 애착행위와 애정문제해결 방식 사이에 연관성이 있음을 알 수 있었다. 안정적인 애착 을 보인 사람은 도움을 구했으며, 불안정한 애착을 가진 사람은 물러섰다. 애매한 애착의 사람은 다른 사람의 도 움을 받을지 아니면 혼자 문제를 해결할지를 몰라 하거나, 다른 사람에게 도움을 청했다 해도 '너도 나를 도울 수 는 없을 거야' 하는 태도를 보였다. 애정문제에서만 이러한 것은 아니다.

로운 반응을 보여주었다. 반이 좀 넘는 아이들은 엄마가 돌아오자 기뻐하며 엄마에게 안겼다. 몇 명은 엄마에겐 신경도 쓰지 않았다. 다른 몇 아이들은 애매한 태도를 취했다. 이 아이들은 처음에 엄마 에게 안기려고 하였으나 곧 다시 엄마에게서 떨어지려고 했다. 아 이들이 집에서 엄마와 어떠한 관계를 형성하고 있는가를 조사해 본 결과, 애착의 형태가 다양함을 알 수 있었다.

생후 1년 간 엄마와 아이 사이의 분위기가 애착의 형태를 형성하 는 데 결정적 영향을 미치는 것으로 학자들은 추측한다. 책임은 대 개 엄마에게 있다. 날 때부터 엄마를 피곤하게 하거나 화나게 만드 는 아이도 있다. 잠이 부족한 엄마는 아이가 우는 소리에 신경질적 으로 반응하게 되고 엄마의 이런 태도는 아이를 겁먹게 하여 더 큰 소리로 울게 만들고 엄마는 더 신경이 날카롭게 된다. 악순환인 셈 이다. 반대로 충분히 잠을 잔 엄마는 아이가 울어도 여유롭게 대하 고 아이는 안정감과 편안함을 느낀다. 이것은 다시 엄마에게 기쁨 을 주는 선순환이 이루어진다.

영향
교육 : 아이들은 잘도 큰다
교육은 아이의 인격발달에 영향을 미친다. 아이들의 교육을 둘러싸 고 부부 사이에 종종 격렬한 다툼이 일어나는 것을 볼 수 있는데, 교 육의 문제는 믿음의 문제가 아닌가 하는 의심이 들 때가 있다. 그런 데 이 교육적 믿음에는 유행이 있다. 가령 배변 훈련이나 수유 문제 (시간을 정해서 먹이는가 아니면 그때그때 아이가 원하는 대로 먹이는가, 모

유가 좋은가 우유가 좋은가, 엄격해야 하는가 너그러워야 하는가)를 둘러
싸고 격렬한 논쟁들이 있어왔다.

20세기 초의 아동교육은 비교적 엄격했다. 아이들이 운다고 해
서 무조건 안아주기만 하면 안 된다는 것이 당시 부모들에게 권장되
던 가정교육이었다. 아이를 버릇없게 키우는 것은 거의 범죄처럼
취급되었다. 아이들은 시간에 맞춰 수유되었고, 돌이 지나도록 기
저귀를 떼지 못한 아이는 집안의 수치였다. 손가락을 빨거나 자신
의 성기를 가지고 노는 것은 바람직하게 여겨지지 않거나 엄격하게
금지되었다. 이와 같은 엄격한 행동의 규칙은 미국에서 행동주의
심리학이 유행한 것과 궤를 같이 한다. 그때의 기본적 생각은 '나쁜
습관을 버리고 좋은 습관을 들인다'는 것이었다. 이르면 이를수록
좋았다.

1940년대에 들어서면서 그런 생각이 조금 너그러워지기 시작했
다. 그것은 특히 정신분석주의의 영향 때문이라고 볼 수 있다. 정신
분석은 여러 개별관찰 보고를 통해 왓슨이 주장한
것 같은 교육방식(옆을 참조할 것)이 어떠한 심리적
손상을 입히는가를 보여주었다. 60년대와 70년대
에는 '반권위적 교육'이라는 모토 아래 사고의 추
는 반대쪽의 끝에 도달했다. 그 이후로 현재까지
는 사고의 추가 다시 엄격함 쪽으로 돌아오고 있는
중이다. 적어도 이론적인 면에서는 그렇다.

아이들은 사랑하고 존중하고 무엇을 원하는지
를 알아주는 부모 밑에서 클 때 가장 잘 성장한다
는 것을 수많은 다양한 연구들이 보여주고 있다.
반대로 모든 것을 통제하려 하거나 이래도 저래도
상관없다는 태도의 부모를 가진 아이들은 성장에
어려움이 있다.

'우리는 아이들을 이성적
방식으로 기를 수 있다.
어린 어른이라고 생각하고
아이들을 대하라. 세심하고
사려 깊게 아이들을 돌보고
옷도 단정하게 입혀라.
아이들을 대할 때는 항상
객관적이면서도 부드러워야
한다. 그러나 태도는 분명해야
한다. 아이들을 절대로
안아주어서는 안 되며 뽀뽀를
하거나 무릎에 앉혀서도
안 된다. 정히 해야 한다면
잠자기 전에 이마에 뽀뽀를
해주라. 아침인사는 악수로
하라. 아이들이 어려운 과제를
훌륭히 해결했을 경우에는
가볍게 머리를 쓰다듬어주라.'
존 왓슨, 1928.

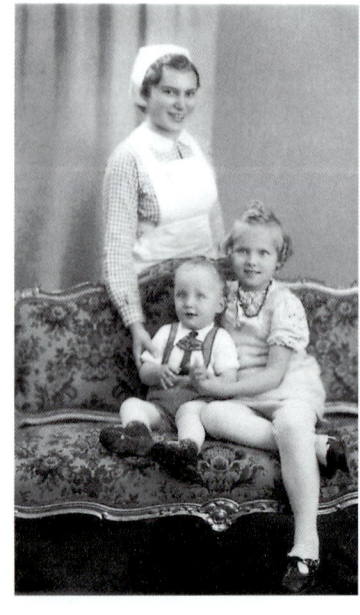

아빠와 똑같이 − 동일시

아이들은 보통 행동이나 성격에서 부모를 닮는다. 아이들은 '제 아빠랑 똑같아', '제 엄마를 쏙 닮았어'란 말을 흔히 들을 정도로 웃는 모습이나 행동하는 것, 말하는 것에서 부모와 비슷하다. 학자들은 정신분석의 용어를 빌어 이러한 현상을 동일시라고 표현한다. 아이들은 부모와 자신을 동일시하는 것이다. 정신분석에서 동일시는 한 사람이 다른 사람의 특성(생각, 행동, 감정)을 무의식적으로 받아들이는 것을 의미한다. 아이들이 부모를 따라 할 때, 아이들은 공상 속에서 부모의 놀라운 힘과 능력을 물려받게 되는 것이다.

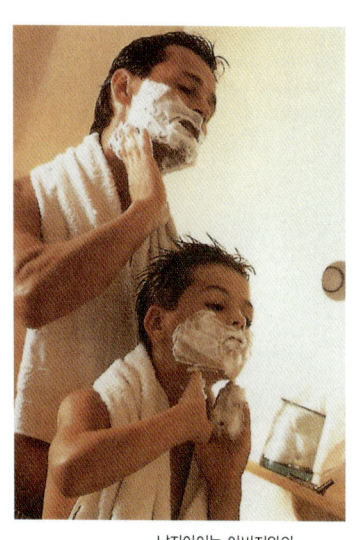

남자아이는 아버지와의 동일시를 통해 남자가 되는 것을 배운다.

동일시는 단순히 '따라 하기'만을 의미하지는 않는다. 아이는 엄마나 혹은 아버지처럼 행동하면서 엄마나 아버지가 된 것같이 느낀다. 엄마랑 자신을 동일시하는 여자아이는 엄마가 칭찬을 받는 것을 보면 자기도 자랑스러워한다. 그 아이로서는 자기 자신이 칭찬을 받은 것과 같기 때문이다. 그래서 엄마가 실망하면 자신도 슬퍼진다. 아이들은 동일시를 통해 자기 규율과 충동 억제를 배워나가고, 양심을 발전시키며, 남자 혹은 여자의 역할을 알게 된다. 아이들의 양심에는 부모가 정한 규칙이 들어있어서 부모가 없어도 아이들은 그 규칙을 지킨다. 그래서 그 규칙을 어겼을 시에는 양심의 가책을 느끼는 것이다.

많은 심리학자들은 무의식적 과정으로서의 동일시란 개념을 부정한다. 이들은 이런 현상을 학습이라는 개념으로 설명한다. 그들은 아이들이 부모의 모든 특징을 받아들이는 것은 아니라고 주장한다. 가령 한 여자아이가 엄마의 사교성을 받아들이는 경우에도 여자아이는 남자아이들 앞에서 어떻게 행동해야 한다는 엄마의 생각이

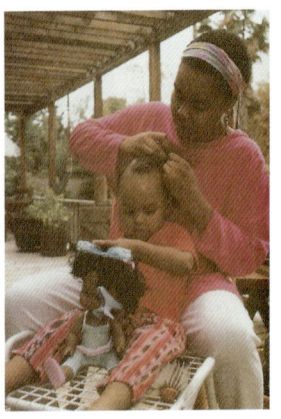

부모를 따라하면서 아이들은 공상 속에서 그들에게 놀랍게 느껴지는 부모의 힘과 능력을 받아들인다.

나 그 외의 다른 도덕적 태도는 받아들이지 않는다. 학습 이론을 주장하는 학자들에 따르면, 아이들은 대가가 주어지거나 보상을 얻을 수 있을 때에만 부모의 행동을 받아들인다. 그것은 부모가 아닌 다른 사람의 경우에도 그러하다. 가령 아이들이 동일시하는 학교 친구나 축구선수 또는 영화배우의 경우가 그렇다. 축구를 할 때 아이들은 자기가 좋아하는 선수의 유니폼을 입고 그 선수가 보여주었던 움직임을 따라 하려 한다. 이러한 우상 혹은 성장모델 따라 하기는 평생 동안 계속되는 학습과정이다.

대부분의 심리학자들은 동일시(정신분석으로 설명하든 학습 이론으로 설명하든 간에)를 아이의 사회화에 있어서의 근본적인 과정이라고 본다. 성장모델의 행동과 사고방식을 받아들이면서 아이들은 사회가 어른에게 기대하는 능력과 특성을 자신의 것으로 만든다. 대개 아이들은 자신과 관계있는 사람을 자신과 동일시한다. 그 사람은 보통 부모님이다. 아이들은 부모로부터 특히 성역할을 배운다.

성역할

모든 사회에는 남자 혹은 여자로서 어떻게 생각하고 말하고 행동하라는 규정이 있다. 이 규정은 문서로 정해진 것도 있지만, 문서로 정해지지 않은 것이 더 많다. 무엇이 남성적 행위이고 무엇이 여성적 행위인가를 정의하는 성역할 규정은 문화마다, 또 시대마다 다르다. 50년 전만 해도 길거리에서 유모차를 끄는 것은 남자답지 못한 것으로 여겨졌다. 그 시대에는 여성이 길거리에서 담배를 피우거나 남자에게 담뱃불을 붙여주는 것은 세련되지 못한 행위였다. 그러나 지금은 유모차에 애를 태우고 자랑스럽게 주택가를 활보하는 남자를 따뜻한 시선으로 바라본다. 여자들도 요즘은 길거리에서 담배를 피워도 따가운 시선을 받지 않는다. 남자에게 담뱃불을 붙여주어도 별 주목을 받지 않는다. 여성들은 남성화되어 버스를 운전한다. 남성들은 여성화되어 앞치마를 두르기도 한다. 이러한 성역할 표준규범은 한 사회의 여러 계층 또는 하위문화에 따라 다르다. 그러나 그 규범의 대부분은 부모에게서 아이에게로 전해진다.

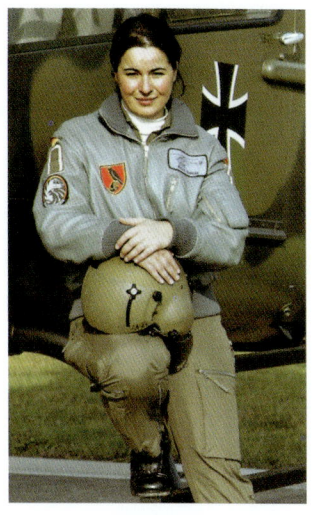

무엇이 남성적이고 무엇이 여성적인가를 규정하는 성역할 규범은 끊임없이 변화하기 마련이다. 병역의무는 예전과 마찬가지로 남성에게만 해당되는 일이지만, 자원입대는 이제 여성에게도 가능하게 되었다.

성유형화

남자아이는 어떻게 남자다워지고 여자아이는 어떻게 여성스러워지는가? 부모들은 처음부터 남자아이와 여자아이를 다르게 대한다. 여자아이들은 분홍색 옷을 입혀 인형이나 유모차와 놀게 하고, 남자아이들은 공을 차며 뛰게 한다. 대체로 남자아이들이 더 자유롭게 길러진다. 남자아이들은 튼튼해야 하고 여자아이들은 귀여워야 한다고 생각한다.

아이들이 아직 어렸을 때는 성역할이 그렇게 엄격하게 구분되지 않다가 아이들이 차츰 자라면서 고착화된다. 성역할의 강도를 측정하는 실험을 하였다. 유치원 아이들에게 남성적 장난감(망치)과 여성적 장난감(인형), 중성적 장난감(스케이트) 중에 아무것이나 마음대로 골라서 가지고 놀게 하였다. 남자아이들은 만 3세가 되면 벌써 남성적 장난감을 뚜렷하게 선호하였다. 남자아이들은 나이가 들수록 점점 더 남성적으로 되는 경향을 보였다. 여자아이들의 경우에는 편향이 그리 심하지 않았다. 많은 어린 여자아이들이 남성적 장난감을 골랐다. 유치원 시절에 여자아이들은 남자아이들이 여성적 장난감에 흥미를 보이는 것보다 더 많이 남성적 장난감에 흥미를 나타냈다. 여자아이들이 여성적 이미지를 가지려 애쓰는 것보다 남자아이들이 남자답게 되려고 훨씬 더 많이 애를 쓰는 것으로 보인다.

이러한 관찰결과를 어떻게 이해해야 할 것인가? 남성적인 일이 여성적인 일보다 더 가치 있다는 생각이 남녀 모두에게 존재한다. 그리고 남자같이 행동하는 여자아이보다 여자같이 행동하는 남자아이에게 더 많은 비판이 가해진다. 남자답다는 것은 '계집애' 같이 행동하지 않는다는 것이고 여성스런 면을 없앤다는 것을 뜻한다. 유치원의 남자아이들에게 여성적이지만 좋은 장난감과 중성적이지만 별로 좋지 않은 장난감 중에서 마음대로 고르도록 하였다. 남자아이들은 여성적이지만 좋은 장난감을 놔두고 좋지 않은 중성적 장난감을 선택했다. 어른들이 보고 있으면 이러한 경향은 더 강화되었다. 이것으로 보아 유형화된 성역할은 타고나는 것이라기보다 학습되는 것으로 여겨진다.

대체적으로 아이들은 부모 중 자신과 동성의 사람에게 더 동일시하는 경향을 보인다. 형제자매도 물론 영향을 준다. 오빠들을 둔 여자아이는 더 남성적이며 자신의 생각을 관철시키려는 경향이 있고, 누나들을 둔 남자아이는 형들을 가진 남자아이보다 덜 공격적이다.

부모는 어떻게 아이의 모범이 되는가? – 동일시의 여러 요인

아이들은 부모와 자신을 동일시한다. 많은 특징들은 중성적이다. 가령 유머, 사교성, 정직성이 그러하다. 그래도 아이들은 부모 중 어느 한쪽에 자신을 더 동일시하게 마련이다. 그 이유는 무엇일까? 학자들은 동일시에 영향을 미치는 아래의 세 가지 요인을 꼽는다.

• 아이들은 대체로 부모와의 관계가 친밀할수록 더 강하게 부모와 자신을 동일시한다.
• 가정에서의 권력은 아이의 동일시에 뚜렷한 영향을 미친다. 엄마가 가정에서 지배권을 가지고 있을 경우, 여자아이는 더 많이 엄마에게 자신을 동일시한다. 이런 가정의 남자아이는 남자답게 되는 데 어려움이 있다. 아버지가 가정에서 지배적일 경우, 여자아이들은 엄마가 지배적일 때보다 더 많이 아버지에게 자신을 동일시한다. 그래도 여자아이들은 여전히 엄마에게도 자신을 동일시한다.
• 닮은 점이 있을 경우, 부모에 대한 아이의 동일시는 더 쉽게 이루어진다. 아담한 엄마를 둔 키 큰 여자아이는 키 큰 아버지에게 더 자신을 동일시한다. 아버지와 다른 점에서도 닮은 것이 있을 때 특히 더 그러하다.

몇째로 태어나는가가 중요하다

몇 번째 아이로 태어나는가도 중요하다. 한 연구에 의하면 첫째 아이는 특히 책임감이 강하고, 가운데 아이는 친화력이 있으며, 막내는 버릇이 없다. 첫아이가 태어날 때 부모는 경험이 없다. 때문에 더 많은 시간과 더 많은 주의를 아이에게 쏟으며,

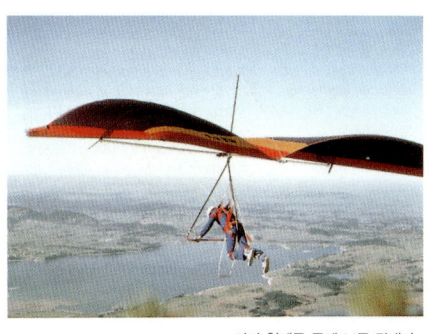

여러 형제들 중에 보통 막내가 가장 모험적이다. 막내들은 종종 위험한 스포츠를 즐긴다.

둘째나 셋째 때보다 더 조심스럽게 아이를 다룬다. 첫째 아이는 어느 정도의 기간 동안 경쟁 상대가 없이 외동아들이나 외동딸로 큰다. 동일시의 모델이 될 사람들은 어른들뿐이다. 이러한 모든 것이 첫째아이로 하여금 그 아래의 동생들보다 평균적으로 더 책임감을 갖게 만드는 것이다.

몇째로 태어나는가는 인성발달에 있어서도 중요하다. 첫째아이는 대체로 지능지수가 높고 성적도 우수하다. 둘째아이는 더 용감하고, 셋째아이는 더 모험적이다. 나중에 태어난 아이일수록 더 위험한 스포츠를 즐기는 경향이 있다.

사춘기

청소년기는 육체적으로도 사회적으로도 급격한 변화를 겪는 시기이다. 육체적 변화로서는 우선 성적으로 성숙해지는 것을 들 수 있다. 여자아이들에게는 생리와 함께 사춘기가 시작된다. 남자아이들은 정액의 분출을 경험한다. 2차 성징도 이때 함께 발달된다. 여자아이들에겐 가슴이 부풀어 오르고, 남자아이들에게는 수염이 자라기 시작한다. 남녀 청소년 모두에게 음모가 생긴다. 여자아이들은 남자아이들보다 평균 2년 일찍 사춘기에 도달한다. 남녀 청소년 모두 과거보다 일찍 성적으로 성숙해진다. 최근 150년 동안에 북유럽과 중부유럽에서는 초경을 경험하는 평균 나이가 17세에서 13세로

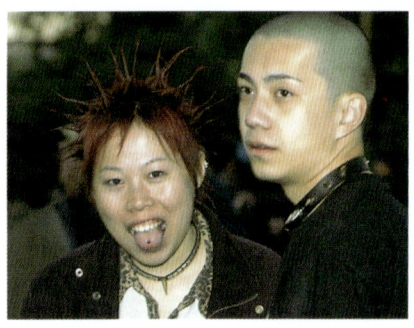

부모의 집에서 나오는 것과 동료 그룹에 들어가는 것은 성장의 중요한 단계에 속한다. 청소년들은 집에서는 그토록 싫어했던 규칙보다 더 엄격한 규칙을 동료 그룹 안에서는 지켜야 하는 경우가 종종 있다.

낮아졌다.

성적인 변화와 더불어 급속한 성장이 이루어진다. 여자아이들은 12세에 이러한 성장을 경험하고, 남자아이들은 14세에 부쩍 자라난다. 남보다 성장을 일찍 겪는 아이들도 있고 남보다 늦게 겪는 아이들도 있다. 두 경우 모두 아이들은 자신감을 잃을 수도 있다. 몸이 변하는 데 맞춰 미적 기준도 변하는 것은 아니기 때문에 아이들은 종종 자신감을 잃게 된다. 청소년기에는 육체적 성장, 성적 성장, 인식의 성장, 감정적 성장이 동시에 단계적으로 진행되는 것이 아니라 혼란스럽게 진행되기 때문에 아이들은 아이와 어른 사이에서 왔다 갔다 하며 어려움을 느낀다.

성적인 성숙뿐만이 아니라 성적 경험도 최근 몇 십 년 사이에 많이 앞당겨졌다. 최초의 성경험도 남녀 청소년 모두 전보다 일찍 겪는다. 여기에 대한 수치는 편차가 많다. 그리고 그 수치에는 현실과 기대가 혼합되어 있는 경우가 많다.

이 시기의 사회적 변화로서는 부모님 집에서 나와 독립하는 것과 또래 그룹에 합류하는 것을 들 수 있겠다. 이 두 가지 행동은 가족으로부터의 거리감이나 또래 그룹으로부터의 소외 같은 고독의 경험과 나란히 일어나는 것일 경우가 많다. 그에 따라 친구들과 일치하려는 압박도 생겨난다. 아이들은 또래 그룹에 들기 위하여 무엇이든 한다. 청소년들은 또래 그룹 안에서 종종 집에서는 그렇게 지키기 싫어했던 규칙보다 더 엄격한 규칙을 지키기도 한다.

사춘기가 되면 아이들이 대하기 어렵게 된다고 어른들은 종종 이야기한다. 청소년의 입장에서 보았을 때는 그 정반대이다. 사춘기에는 어른들이 대하기 어렵게 된다. 부모의 집에서 나오는 것과 또래 그룹에 들어가는 것은 청소년에게만 영향을 미치는 것이 아니다. 온 가족 전체가 변화를 치르고 새로 자리를 잡아야 한다.

사람이 성장해 가면서 젊었을 때에는 파트너 선택, 직업 선택, 부모 되기 같은 어려운 문제에 부닥친다. 곧 성인으로서 겪어야 하는 일들이 다가온다. 그리고는 결국 어떻게 늙어갈 것인가 하는 문제에 부닥친다. 인간의 이 모든 성장단계에 관해서는 아주 많은 연구가 이루어져 있다.

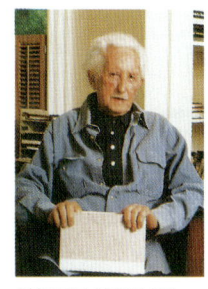

독일계 미국 심리학자 에릭
에릭슨(1902~94)

삶의 위기들

에릭 에릭슨(Erik Erikson)은 심리사회적 발달도표를 통해 인간의 심리발달을 한눈에 들어오도록 정리해 주고 있다. 에릭슨은 정신분석주의자였다. 정신분석이 인간을 갈등하는 존재로 보기 때문에, 삶을 살아가면서 인간은 삶의 특정한 기본 갈등을 하나하나 차례로 풀어야만 앞으로 나아갈 수 있다고 에릭슨은 보았다. 모든 갈등은 위기의 시기에 겪는다. 그리고 그 갈등들은 개인의 심리상태뿐 아니라 그 사람의 사회적 관계나 결속과도 관련이 있다. 에릭슨이 심리사회적 위기라고 부른 이유가 여기에 있다. 에릭슨은 인간이 살면서 차

에릭슨의 심리사회적 발달도표

나 이	심리사회적위기	중요한 관계	극복의 결과
1살	신뢰감 대 불신감	엄마	신뢰와 낙천주의
2살	자율 대 회의와 수치감	부모	자기 결정력과 자신감
3-5살	주도성 대 죄의식	가족	의미와 목적, 자기 주도성
6-12살	능력 대 열등감	이웃, 학교	지적, 사회적, 육체적 능력
청년기	정체성 대 혼란	동료 그룹과 리더십의 모델들	독자적인 사람으로서의 자신에 대한 이미지
초기 성인기	친밀성 대 고립	이성관계, 섹스, 경쟁, 협동	지속적인 관계의 형성 능력 경력을 쌓기 시작함
중년기	생산성 대 침체	일의 분업, 가사의 공동부담	가정, 사회, 후손에 대한 책임
노년기	완전무결 대 회의감	인류, 여러 세대들	자신의 삶과의 화해, 죽음에 대한 의연함

례로 겪어나가야 하는 큰 위기를 8가지로 정리했다.

도표는 전형적이면서도 이상적인 삶의 진행을 보여준다. 실제 현실의 삶이란 게 위기를 순서대로 차례차례 겪으면서 한발 한발 앞으로 나아가 결국 '행복한 결말'에 이르는 것은 아니다. 현실에서의 삶은 어느 정도 뒤엉켜있기 마련이고 때로는 뒤로 가는 경우도 있다. 이전의 발달단계로 잠시 다시 돌아가는 것은 새로운 위기를 뛰어넘어 더 높은 단계에 올라서기 위해 도약의 거리를 얻는 기회이기도 하다.

번아웃, 새로운 병인가 건강의 표시인가?

중년에 나타나는 현상으로 요즘 많은 논의를 불러일으키고 있는 것이 번아웃 신드롬이다. 번아웃 신드롬이란 모든 것이 무의미해지고, 모든 것이 너무 지겹고, 아무런 재미도 없고, 그 무엇도 하고 싶지가 않고, 직장 일에서도 개인적인 일에서도 아무런 흥미를 못 느끼는 상태를 말한다. 에릭슨의 도표로 보자면 이 시기의 위기는 생산성 대 침체가 될 것이다. 침체기를 극복하지 못하면, 그 사람이 하던 모든 일이 정지되고 그 사람은 결국 절망과 우울증에 빠지게 되어 심지어 자살로 그 상태를 끝내기도 한다. 그러나 이 번아웃 현상은 좀 더 생산적인 의미에서 해석될 수도 있다.

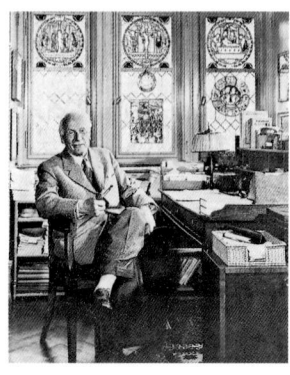

프로이트의 제자였던 칼 구스타프 융(1875~1961)은 분석심리학의 기초를 놓았다.

한때 프로이트의 후계자로 거론되었으나 결국 그의 가장 강력한 경쟁자가 되었던 융(Carl Gustav Jung)은 인간의 경우에 삶의 전반부에는 그 사람의 반쪽이 활동을 하고 다른 반쪽은 수동적으로 물러나 있다고 생각했다. 융은 '그림자'를 상징으로 들어 이것을 설명했다. 그림자는 한 인간의 활동하지 않는 반쪽을 의미한다. 번아웃은 이제까지 뒤로 물러서서 활동하지 않았던 쪽이 삶의 전면으로 나서는 과정으로 이해할 수도 있다. 이제까지 비활동적이었던 '그림자'를 받아들이는 것을 융은 '후반기 삶의 자격시험 합격증'이라고 불렀다. 삶의 후반기에는 이전에는 항상 일에 파묻혀 있던 사람이 가정에서의 기쁨을 되찾을 수도 있고(아직 가정이 남아있을 경우에 말이다), 굳고 강한 사람이 이전에는 그렇게 경멸적으로 생각했던 타입인 부드럽고 다정한 남자로 변할 수도 있다. 가정주부 여성의 경우에는 자신의 능력을 새로이 발견하여 운전면허증을 따고 일을 다시 시작하기도 한다.

말로는 이 과정을 이렇게 간단히 설명할 수 있지만 그것을 경험하는 것은 고통스러운 일이다. 이제까지 익숙하던 행동방식과 이별해야 하는 데다가 새로운 '그림자'는 아무 경험이 없어 마치 초등학교 1학년생처럼 느껴질 수도 있다. 의심, 회의, 수치감, 죄의식, 생각의 혼란, 고독, 절망 같은 이전에 극복했던 감정들이 일시적으로 다시 찾아오기도 한다.

모든 새로운 위기에 우리는 결국 초보자로서 부딪힐 수밖에 없다. 마지막 위기에 이르는 순간까지 우리는 그럴 수밖에 없다. 그리고 이 마지막 위기를 우리는 아무것도 모르는 무경험자로 맞을 수밖에 없다. 죽는다는 것이 무엇인지에 대해 살아있는 동안 경험을 쌓을 수는 없기 때문이다.

연령대에 따른 가치 있는 일의 순서

	1	2	3	4
21-34살	직업	친구	가족	자립
35-54살	가족	직업	친구	인식의 능력
55-69살	가족	건강	친구	인식의 능력
70-84살	가족	건강	인식의 능력	친구
85-105살	건강	가족	삶에 대한 숙고	인식의 능력

학습과 망각

놀라운 발견은 종종 단순한 관찰에서 시작되곤 한다. 러시아의 한 생리학자의 경우에도 그러했다. 그의 전공분야는 소화기관이었으며, 개를 통해 그것을 연구했다. 그는 어느 날 먹이그릇을 보자마자 개의 입에 침이 흐르는 것을 목격했다. 먹이를 먹을 때 침이 분비되는 것은 어떤 개에 있어서나 당연한 일이다. 그러나 이 개는 먹이그릇을 보기만 했는데도 침을 흘렸다. 이반 페트로비치 파블로프(Ivan Petrovich Pavlov)는 이렇게 생각했다. '그 개는 먹이그릇을 보고 먹이를 먹는 것을 연상하게 되었다.' 과학자가 지녀야 할 최고의 미덕은 호기심이다. 파블로프는 호기심이 생겼다. 개가 밥그릇뿐만 아니라 다른 것, 가령 빛이나 소리에도 먹이를 연상할 수 있는지 그는 알고 싶었다. 이렇게 해서 파블로프는 그 유명한 연구를 시작했다. 그리고 '조건반응'을 발견했다.

파블로프의 실험

개의 식도에 작은 측정기를 달아준 후, 개를 방음이 되는 방으로 데리고 가서 실험이 실행될 위치에 묶어놓았다. 실험을 시작하기 전에 개가 실험 환경에 익숙해지도록 하기 위해 실험실로 데리고 가서 묶어놓는 것을 여러 번 반복했다. 개의 앞에는 밥그릇이 놓여있고, 밖에서 이 밥그릇에 먹이를 줄 수 있게 만들었다. 침의 분비는 자동적으로 측정되었다. 한쪽에서만 볼 수 있는 유리를 통해 개를 관찰했다. 개는 밖에서 일어나는 일을 볼 수도 들을 수도 없었다.

그리고 전등을 켰다. 개는 잠시 움직거렸다. 그러나 침을 흘리지는 않았다. 몇 초 후 밥그릇에 먹이가 쏟아졌다. 개는 배가 고팠으므로 먹이를 먹었다. 측정기에는 침의 왕성한 분비가 표시되었다. 이것을 여러 번 반복해서 행했다. 그리고 그 다음 단계로 넘어가서 먹이가 주어지면 전등을 켰다. 이것도 여러 번 반복했다. 그 다음에는

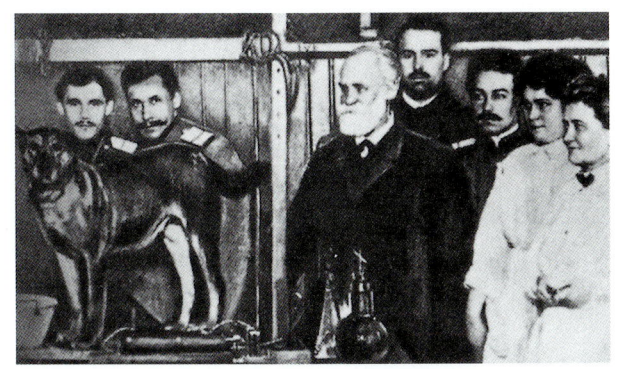

실험장치 앞에 선
파블로프(1849~1936).
파블로프는 1904년 노벨
의학상을 받았다.

먹이는 주지 않고 전등만 켰다. 그래도 개는 침을 흘렸다. 개는 전등을 통해 먹이를 연상하는 것을 배웠던 것이다.

파블로프는 이것을 조건반응이라고 불렀다. 개는 빛과 먹이를 연관 지어 침의 분비라는 반응을 하도록 학습되었다(혹은 조건을 형성해 주었다). 보통의 경우 개는 먹이를 먹을 때 침을 흘린다. 이것은 학습 과정을 필요로 하지 않는 무조건적인 반응이다. 먹이는 무조건적 자극이다. 그러나 일반적인 경우에 전등 빛은 개에게 침을 흘리게 하지 않는다. 전등 빛은 중성적 자극인 것이다. 전등 빛을 먹이와 등치시키도록 조건을 만들었을 때에만 개는 전등 빛이 비춰지면 침을 흘린다. 이 때 전등의 빛은 무조건적 자극(먹이)과 연관된 조건적 자극이 된다.

이렇게 해서 파블로프의 위대한 발견인 고전적 조건 형성이 발견되었다. 중성적 자극(전등 빛)을 무조건적 반응(침의 분비)을 불러일으키는 무조건적 자극(먹이)과 연관시켰다. 그리고 얼마 후에는 중성적 자극(전등 빛)만으로도 침의 분비(조건반응)를 이끌어낼 수 있었다.

공포를 일으키는 과학 : 꼬마 알버트

인간의 경우에는 어떠할까? 1920년에 존 B. 왓슨과 로잘리 레이너라는 두 미국 학자가 조금 끔찍한 실험을 생각해냈다. 그들은 조건을 형성해 주면 공포 같은 감정적 반응도 불러일으킬 수 있는가를 알고자 했다. 이들의 실험 대상은 생후 9개월 된 아기였다. 아기는 '꼬마 알버트'로 불렸다. 무조건적인 자극은 갑작스런 큰 소음이었다. 이 소음은 나이에 상관없이 모든 사람을 놀라게 만드는(무조건적 반응), 달리 말해 공포의 반응을 보이게 하는 그러한 것이었다. 조건이 형성된 자극은 한 마리의 하얀 생쥐였다. 조건적 자극(생쥐)과 무조건적 자극(큰 소음)을 연관시키자 예상대로 알버트는 생쥐에 대한 공포를 가지게 되었다. 생쥐가 아이를 문 적도 없고 아이는 그저 생쥐를 보기만 했을 뿐이다. 생쥐와 공포(소음에 대한)를 연관 짓는 데는 그것만으로 충분했다. 이때 만약 그 아이에게 운이 나쁠 경우 아이는 자극의 일반화를 통해 털이 있는 것이나 흰 것, 혹은 희고 털이 있는 것에 공포를 느끼게 된다. 아이가 이 일을 잊고 있다가 20년 후 성인이 되어서 모피로 만들어진 모자를 써보다가 공포의 패닉상태에 빠지는 일도 이론적으로 볼 때에는 가능하다. 그럴 경우 그 누구도 왜 이 사람이 이런 반응을 보이는지 알 수가 없다.

이 때문에 실험의 진행자는 공포의 반응(조건반응)을 다시 소멸시키려 한다. 소멸과정은 간단하다. 아이가 공포를 느끼지 않을 때까지 아이에게 소음 없이 생쥐를 보여주는 것이다. 하지만 꼬마 알버트는 운이 없었다. 그 사이 소멸이 채 끝나기도 전에 알버트의 엄마는 아이를 데리고 아무도 모르는 곳으로 이사를 가버렸던 것이다.

포상의 힘 : 조작적 조건 형성

개의 코앞에 개밥그릇을 들고 있으면 개에게 침을 흘리게 할 수 있다. 그런데 어떠한 무조건적 자극을 주어야 개가 뒷다리로 앉게 만들 수 있을까? 어린아이에게 하얀 생쥐에 대한 공포를 심어줄 수는 있다. 그런데 어떤 무조건적 자극을 주어야 아이가 자동적으로 숙제를 하게 만들 수 있을까?

파블로프 방식의 학습(고전적인 조건 형성)은 먹이와 침, 소음과 놀람처럼 자극과 반응 사이의 자연적인 연관이 이미 존재할 때에만 성공을 거둘 수 있다. 그러한 자연적인 연관이 존재하지 않을 경우, 학습(조건 형성)은 다른 방식으로 이루어져야 한다.

학자들은 주로 생쥐와 비둘기를 가지고 실험을 한다. 조작적 조건 형성의 발명자는 미국의 B. F. 스키너이다. 스키너는 자신의 이름을 따서 '스키너 상자'라고 이름붙인 장치를 만들었다. 그 상자 안에는 아무것도 없었다. 단지 그 한 면에는 작은 밥그릇이 달려있었고 그 위에 누를 수 있는 막대손잡이가 붙어 있었다. 전등은 밖에서 조종하도록 되어 있었다. 굶주린 생쥐를 이 상자에 넣으면 생쥐는 끊임없이 이리저리 움직이다 어쩌나 우연히 막대손잡이를 누르게 된다. 손잡이가 눌릴 때마다 쥐가 좋아하는 옥수수 한 알이 밖으로부터 밥그릇에 떨어지게 만들었다. 그러자 놀랍게도 생쥐는 손잡이를 점점 자주 누르는 것이었다. 당연히 생쥐는 그만큼 자주 옥수수 알갱이를 먹을 수 있었다. 그리고 손잡이를 눌러도 옥수수가 나오지 않게 만들자, 손잡이를 누르는 횟수가 다시 급격하게 줄어들었다.

생쥐는 손잡이를 누르면 먹이가 나온다는 사실을 배우게 되었다고 볼 수 있다. 그것은 생쥐의 머리에서 무엇인가가 일어난다는 것을 전제한다. 그런데 스키너에게는 생쥐의 머리 밖에서 일어나는 일이 중요했다. 하지만 생쥐의 머리에서 일어나는 일도 그에게는 예외가 될 수 없었다. 그리하여 스키너는 다음과 같은 결론에 도달했다. 생쥐가 무엇을 생각하는가에 관계없이 생쥐의 행동(손잡이를 누름)을 긍정적으로 강화시키면(옥수수로 상을 준다) 생쥐는 그 행동을 더 자주 한다. 보상을 받는 일은 더 자주

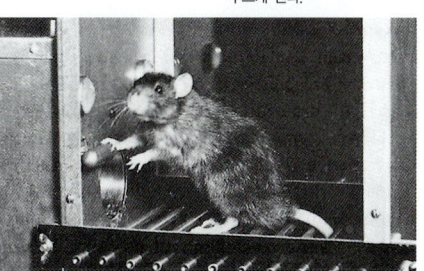

스키너 상자 안의 생쥐. 처음에 생쥐는 우연히 손잡이를 누른다. 손잡이를 누르면 먹이가 나온다는 사실을 알고 난 후에는 더 자주 손잡이를 누르게 된다.

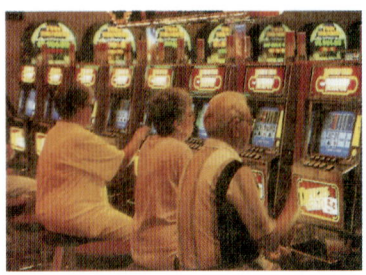

가끔씩 듣는 칭찬이 늘 듣는 칭찬보다 더 강하게 작용한다. 라스베이거스의 슬롯머신 앞에 앉아있는 사람들에게서 그 예를 볼 수 있다. 아주 드물게 딸 수 있음에도 불구하고 사람들은 계속 기계에 돈을 넣는다.

하게 되는 법이다. 보상이 주어지지 않으면 그 행동을 하는 횟수가 줄어든다. 강화된 행동이 소멸되는 것이다. 부정적으로 강화시키는 것은 처벌이라는 수단을 통해 이루어진다.

이러한 방식의 학습을 '조작적'이라고 부르는 것은 이 학습이 적극적이기 때문이다. 고전적 조건 형성에서 실험동물은 수동적이었다. 개는 단지 자극에 노출되기만 하였다. 그러나 이와는 달리 스키너의 생쥐는 적극적으로 조작한다. 생쥐는 무엇인가를 행하고 주위 환경에 영향을 끼친다.

조작적 조건 형성은 동물에게만 통하는 것이 아니라 인간에게도 마찬가지로 작용한다. 잘 알려진 강화 수단은 행동에 대한 인정이다. 인정의 형태는 칭찬의 말일 수도 있고 돈일 수도 있다.

칭찬 : 얼마나 하는가가 중요하다

행동 강화의 방법을 변형시킬 수도 있다. 그런데 여기서 놀라운 것은 자주 한다고 해서 더 좋은 것은 아니라는 사실이다. 부분적인 강화가 항상적인 강화보다 효과가 있다. 가끔 듣는 칭찬의 말이 늘 듣는 칭

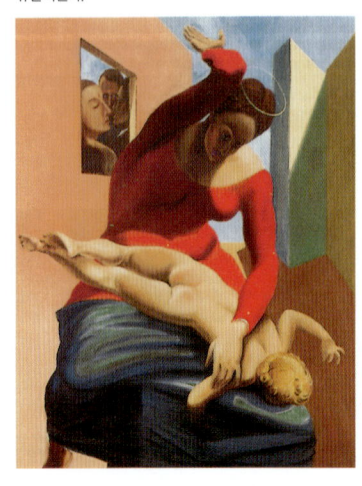

육체적 처벌은 도움을 주기보다 해를 입힌다. 육체적 처벌은 아이들의 공격적 행동을 유발시킨다.

찬보다 더 힘을 준다. 골퍼가 골프에 빠지는 이유는 모든 샷이 다 잘 들어가기 때문이 아니라, 이따금씩 좋은 샷이 나오기 때문이다. 라스베이거스 카지노의 '외팔이 강도' 슬롯머신은 사람들을 불규칙적으로 강화시키기 때문에 많은 사람들이 몇 시간씩이나 흥분해 가며 그 기계에 매달려 같은 손동작을 해대는 것이다.

긍정적 강화 외에도 부정적 강화가 있다. 부정적 강화란 보상으로 소음이나 전기충격 같은 부정적인 어떤 것을 중지함으로서 행동을 강화하는 것을

말한다. 가령 고문을 받는 사람이 말을 하면 눈을 찌르는 빛이나 시끄러운 소음 혹은 전기충격의 스위치를 끈다. 이렇게 피고문자의 행동을 자백 쪽으로 강화시키는 것이다. 이러한 형태의 조작적 조건 형성을 도주 훈련에서도 볼 수 있다. 일상적 예로는 진통제의 과용 내지는 진통제 중독을 들 수 있다. 이때 진통제는 부정적 강화제로 기능한다. 진통제는 고통을 없애는 것이다. 술도 같은 작용을 일으킬 수 있다. 밤에 마시는 한 잔의 포도주는 견디기 힘든 긴장을 풀어준다. 이때 포도주는 긍정적 강화제로도 기능한다. 일에 대한 보상으로 볼 수도 있기 때문이다. 이렇게 긍정적 강화와 부정적 강화가 함께 일어나기도 한다. 종종 일 중독과 알코올 중독이 병행하는 이유를 여기에서 찾을 수 있다.

'아하!' 경험

볼프강 쾰러(Wolfgang Köhler, 1887~1967)는 행동주의 심리학자들의 기계적 사고와는 반대 입장에 서있다. 쾰러는 1925년의 침팬지 실험을 통해 학습에는 적절한 자극이나 강화제뿐만이 아니라 통찰력 같은 것이 필요하다는 것을 보여주었다. 복잡한 문제를 푸는 방법을 깨우치기 위해서는 특히 통찰력이 필요하다. 여기서 인식의 과정은 본질적인 역할을 한다. 쾰러의 침팬지들은 지적인 방법으로,

처벌은 도움이 될까?

처벌은 효과적인 교육수단으로 여겨지기도 한다. 요즈음 학교에서는 별로 쓰지 않지만, 사회의 여러 분야에서 여전히 처벌은 교육수단으로 사용된다. 가령 운전자에게 부과되는 벌점제도, 벌금, 감옥 같은 것이 그러하다. 바람직한 행동에 보상을 주는 것과 바람직하지 않은 행동에 처벌을 가하는 것 중에 어느 것이 효과적일까? 일반적으로 알려진 바에 따르면,

- 처벌은 포상보다 덜 효과적이다. 처벌은 일시적으로 어떤 행동을 억누를 수는 있지만 그것을 약하게 만들지는 못한다. '고양이가 집에 없을 때는 쥐가 상 위에서 춤을 춘다.'
- 처벌이 행위자로 하여금 보상이 주어지는 다른 행동을 선택하도록 강요할 경우에만 처벌은 효과가 있다. 당근과 채찍인 셈이다.

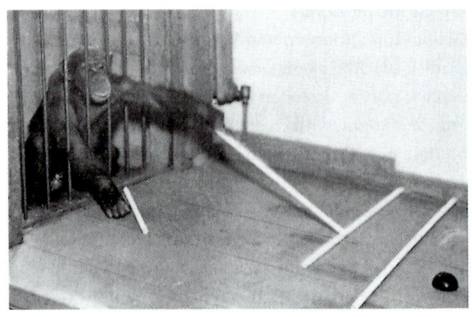

인식적 과정은 학습에서 중요한 역할을 한다. 침팬지는 긴 막대를 이용하면 문제를 해결할 수 있음을 이해하게 되었다.

그러니까 이것저것을 해보는 것이 아니라 사고를 통해 문제를 해결할 수 있었다. 실험은 이렇게 진행되었다.

침팬지 한 마리(쾰러는 술탄이라고 이름 붙였다)가 우리 속에 앉아있다. 철창 바깥에는 바나나가 놓여있는데 침팬지가 잡을 수 있는 짧은 막대로는 바나나에 닿을 수 없다. 철창 밖으로 술탄의 손이 미치지는 않지만 짧은 막대로는 닿을 수 있는 거리에 긴 막대가 놓여있다. 술탄은 짧은 막대로 바나나를 끌어당기려고 하지만 닿지 않는다. 우리 안에서 찾아낸 철사로 시도를 해보지만 역시 되지 않는다. 술탄은 한참 동안 주위를 둘러본다. 그러다 갑자기 짧은 막대를 다시 들고 손으로 닿을 수 없었던 긴 막대를 끌어당긴다. 그러고는 결국 긴 막대를 사용해 바나나를 가져간다. 긴 막대를 보는 순간부터 술탄의 모든 행동은 더 이상 우연에 의지하지 않고 목표 지향적이 되었다는 사실이 관찰자의 눈에 띄었다.

짧은 막대로 긴 막대를 가져오면 긴 막대로 바나나를 끌어당길 수 있다는 생각, 혹은 통찰이 침팬지에게 갑자기 떠올랐다고 우리는 말할 수 있다. 그것은 '아하' 하고 머릿속에 불이 켜지는 그러한 경험이었을 것이다.

통찰을 통한 학습은 어떻게 이루어지는가? 그 해답을 정확하게 알지는 못한다. 하지만 다음과 같은 사실은 말할 수 있다.
- 문제의 공식을 만드는 것이 중요하다.
- 통찰을 통해 문제를 해결했을 경우, 그 문제는 언제든지 다시 풀 수 있다. 침팬지는 손이 닿지 않는 곳에 있는 새로운 바나나를 즉시 막대를 이용해 가져간다.
- 통찰을 통한 문제해결은 새로운 상황에도 적용될 수 있다. 침팬지는 자극과 연관을 시키는 것이 아니라 논리적 연관을 깨닫게 되는 것이다.

기억과 망각

기억 없이는 삶도 없다. 기억이 없다면 우리는 늘 갓 태어난 아기처럼 세상을 살아야 할 것이다. 엄마가 누구인지도 엄마가 어디에 있는지도 모를 것이고, 엄지손가락을 어떻게 빨아야 하는지 네 발로 기는 것은 어떻게 하는지도 모를 것이다. 기억을 못 한다면 배우지 못하기 때문이다.

기억이 없다면 우리는 대화를 나눌 수도 없을 것이다. 다른 사람이 말을 멈추면 그 사람이 무얼 얘기했는지 벌써 잊어버릴 것이고, 새로 대화를 시작한다고 해도 그 사람의 이름도 몰라 당황하고 있는 사이 무엇을 얘기하고 있었는지도 알지 못할 것이다.

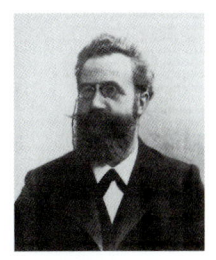

헤르만 에빙하우스
(1850~1909)는 기억에 관한
연구에 있어서 선구자적인
업적을 남겼다.

의미 없는 낱말의 가치

기억에 대해 연구한 최초의 학자는 헤르만 에빙하우스(Hermann Ebbinghaus)이다. 에빙하우스는 그야말로 몸과 혼을 다 바쳐 기억의 연구에 몰두했다. 그는 가능한 한 과학적으로 그 문제에 접근하고자 했다. 그래서 그는 모든 사람에게 동일한 재료로 실험을 하였다. 여기서 동일하다는 것은 동일하게 의미 없다는 뜻이다. 그의 재료는 의미 없는 낱말이었기 때문이다. 에빙하우스에겐 개인에게 의미 있는 어떤 것과 연관되어 있거나 특별한 경험과 얽혀있지 않은 중성적인 기억이 필요했다. 그가 원하는 기억은 새롭고 중성적이고 아무것도 의미하지 않아야 했다. 그래서 그는 인공적인 낱말을 만들어냈다. 예를 들면 그 낱말들은 BOL, BUO, CEG, LOM, WUK, ZUP 같은 것이었다.

실험의 대상은 누구보다도 에빙하우스 자신이었다. 이것은 자신이 자신의 통제집단이 된다는 점에서, 그리고 기억력의 개인적 편차가 결과에 영향을 주지 않는다는 점에서 효과적이었다. 에빙하우스는

기억의 소멸은 처음 몇 초
사이에 급격하게 일어난다는
것을 망각곡선은 보여준다.
그 이후에는 곡선이 완만하게
진행된다.

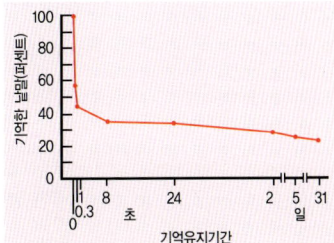

의미 없는 낱말을 열심히 외웠다. 그리고는 얼마나 오래 그 낱말들을 기억하는지, 언제 그 낱말을 잊어버리는지, 그 말을 다시 기억하려면 시간이 얼마나 걸리는지를 초시계로 재어보았다. 그의 관심은 기억의 보존능력에 있었다. 그래서 그가 찾아낸 결과는 우리가 오랫동안 짐작해 온 것과 같았다. 낱말의 리스트를 소리 내어 자주 읽어 낱말을 외울 경우에 이것을 자주하면 할수록 낱말을 더 잘 기억하고, 더 오래도록 기억할 수 있었다. 에빙하우스의 실험은 '망각곡선'을 탄생시켰다. 도표 속의 망각곡선에서 볼 때 처음 20분 안에 가장 많이 기억을 잊어버린다는 사실을 알 수 있다. 한 시간 후에는 낱말의 반도 기억할 수 없었다. 그리고 보면 처음 몇 분 안에 잊어버리는 양이 그 후 한 달 사이에 잊어버리는 것보다 많은 셈이다.

의미 없는 낱말은 빨리 잊게 된다. 뭘 하러 그걸 기억하겠는가? 대신 의미 있는 낱말들(예를 들면, USA, BMW, ABC, FTA, IMF)은 더 쉽게, 그리고 오래 기억한다.

기억은 의미를 만들어낸다

기억이 의미를 만들어낸다는 것은 중요한 사실이다. 이것은 기억이 중성적이지 않다는 것을 뜻한다. 기억은 의미 없는 낱말을 단지 저장하는 것이 아니라 이 낱말들을 더 잘 보관할 수 있게, 그리고 다시 꺼낼 수 있게 이 낱말들에 무엇인가를 행한다. 기억은 가령 MEL(멜)을 가지고 '멜로드라마' 나 '멜로디' 를 만든다. 기억은 새로운 정보를 이미 저장된 정보와 연결시킨다.

에빙하우스에게 기억은 수동적인 것이었다. 기억은 그저 받아들이고 다시 내주기만 했다. 이러한 기억을 '재생' 기억이라고 부른다. 무의미한 낱말의 경우에는 그것이 맞을 것이다. 그러나 기억은 무의미한 낱말로부터 의미 있는 것을 구성하는 뚜렷한 경향을 보인다. 이것을 '구성적' 기억이라고 부른다. 구성적 기억에 관해 연구

를 시작한 학자는 미국의 프레드릭 버틀렛(Frederic Bartlett, 1886-
1969)이었다. 버틀렛은 에빙하우스의 주장에 반대하여(혹은 보충하
여) 기억이 단순한 재생활동이 아니라 생산적, 활동적, 창조적, 구성
적 작용이라는 것을 증명했다. 우리는 과거의 어떤 것을 단지 기억
속에 넣는 것이 아니라, 그 기억의 자료를 의미 있는 형식에 집어넣
고 연관성을 만들어주는 것이다.

버틀렛은 무의미한 낱말을 외우는 것이 아니라 의미 있는 이야기
를 가지고 연구를 했다. 그리고 기억(과거의 기억은 아름답게 채색된다)
이 사실들끼리 서로 맞을 수 있도록 사실들을 왜곡시킨다는 것을 보
여주었다.

버틀렛의 연구는 이렇게 진행되었다. 실험에 참가한 사람들은 약
간 괴상하고 낯선 인도의 이야기(제목은 〈귀신들의 전쟁〉이었다)를 조
용히 두 번 읽고, 나중에 그 내용을 적어내야 했다. 그들이 기억에
따라 그 이야기를 적어낼 때, 이야기의 길이는 대개 짧아졌다. 이야
기 속의 이름들은 제대로 기억을 하지 못했고, 다른 오류도 섞여 있
었다. 그런데 그 오류들이 버틀렛에게는 아주 흥미로운 것이었다.
실험에 참가한 영국 사람들이 생소해서 이해하기 힘든 부분은 익숙
한 사건이나 이야기로 탈바꿈되어 있었다. 그것도 여자와 남자는
서로 다른 방식으로 내용을 바꿔놓았다. 적어낸 이야기는 원래의
인도 이야기보다 훨씬 단순하고 논리적이고 합리적이었다. 헷갈리
는 부분은 기억 밖에 버려졌고, 그럴듯한 부분은 기억 속으로 들어
갔다. 기억 속에 넣는다는 것은 읽은 것을 자신의 경험과 기대에 동
화시키는 일이다.

기억의 과정

무의미한 낱말을 외울 때나 복잡한 이야기를 기억할 때에는 정보처
리의 일정한 법칙이 존재한다(컴퓨터의 경우와 같다). 우선 다양한 기

억 시스템이 있다. 기억 시스템은 정보를 받아들이고 저장하고 필요한 경우 다시 꺼낸다. 또 기억에는 두 가지 다른 유형이 존재하는 것으로 보인다. 단기기억과 장기기억이 그것이다. 단기기억은 작업기억이라고도 한다.

정보의 처리는 두 유형의 기억에 있어 동일하다. 이것은 예를 통해 쉽게 이해할 수 있다. 어떤 사람이 자신을 이렇게 소개한다고 하자. "안녕하십니까. 저는 한스 요아힘 뮐러 뤼덴샤이트 박사입니다." 그러면 벌써 3단계로 되어있는 정보처리 작업이 시작된다.

부호화

내 귀에 들어온 소리의 파장은 뇌의 언어로 변환되어야 알아들을 수 있게 된다. 이것을 청각적 부호화라고 한다. 시각적 부호화도 동시에 진행된다. 나의 눈에 들어온 빛의 파장은 뇌의 언어로 변환되어야 한스 요아힘 뮐러 뤼덴샤이트 박사를 영상으로 기억 속에 넣을 수 있다.

청각적 부호화와 시각적 부호화 외에도 다른 감각의 부호화가 일어날 수 있다. 한스 요아힘 뮐러 뤼덴샤이트 박사에게서 냄새가 강하게 날 경우, 냄새로 그 사람을 다시 알아볼 수 있을 것이다. 또 맹인인 사람이 그를 만질 경우, 촉각 언어정보는 뇌의 언어로 변환될 것이다.

부호화	저장	소환
기억 속에 넣는다	기억 속에 보관한다	기억에서 꺼낸다

저장

단기기억은 대략 1분 정도 지속된다. 학자들은 이 단기기억을 연구하는 중에 7이란 신성한 숫자를 발견했다. 대부분의 사람들은 낱말이나 숫자, 이름을 기억할 때 7단위만을 기억한다. 5단위나 9단위를 기억하는 사람도 물론 있다. 이미 에빙하우스는 평균적인 기억의 정보 저장용량은 7±2란 사실을 밝혀내었다. 단기기억은 마치 7개의 서랍을 가진 장롱과 같

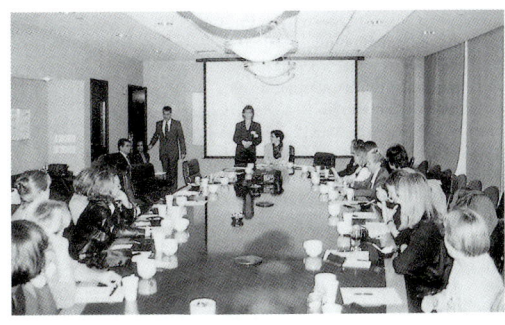

기억의 저장용량이 7±2란 사실은 이미 에빙하우스에 의해 발견되었다. 이런 사실이 자기소개를 하는 세미나 참가자들 사이에는 알려지지 않은 모양이다. 기억에 관해 연구하는 심리학자들에 따르면, 계속해서 15개나 20개의 이름을 기억하고 그 이름과 사람을 매치시키는 것은 전혀 불가능하다.

다. 모든 서랍이 꽉 차면 맨 아래 서랍에 들어있는 내용물을 버린다. 그러면 맨 위의 서랍에 새로운 정보가 담겨진다. 단기기억은 대치의 원리를 따라 작동한다. 맨 아래 자리의 내용물이 버려지면 맨 위의 자리가 비게 된다.

휴대폰의 통화기록도 같은 원리로 되어있다. 새로운 전화번호가 입력되면 가장 오래된 전화번호가 삭제된다. 따라서 9명 이상이 모여 각자 자신을 소개하는 행사는 전혀 무의미한 일이다. 가뜩이나 흥분이 되어있는 상태에, 자기 차례가 되었을 때 자기의 이름을 제대로 발음하려고 잔뜩 신경을 쓰고 있으니 다른 사람의 이름을 기억할 만한 집중력은 최저로 떨어질 수밖에 없다.

대치원리에서 벗어나려면 계속 반복하면 된다. 우리는 기억해야 할 전화번호가 있을 때, 그 번호를 입력할 때까지 본능적으로 그 번호를 반복해서 중얼거린다. 두 가지 방법으로 왜 이러한 행동이 실제로 효과가 있는지를 설명할 수 있다. 반복이 새로운 감각정보가 부호화되는 것을 막아준다. 아니면 반복을 통해 동일한 부호화가 계속 일어난다. 이것은 마치 서랍이 모두 같은 전화번호로 채워지는 것과 같다. 맨 밑의 서랍에서 그 전화번호가 빠져나가면 맨 위의 서랍에 다시 그 전화번호를 채우는 식으로 말이다.

당신은 아직도 한스-요아힘 뮐러-뤼덴샤이트 박사의 이름을 기억하고 있다는 것에 스스로 놀랄 것이다. 박사의 이름 철자 수가 7

이 넘는데도 말이다. 그 이유는 단기기억을 속이는 트릭에 있다. 단기기억은 7±2단위만을 수용하지만 이때 단기기억은 7대의 자동차만을 통과시키라고 명령받은 국경검문소 근무자와 같다. 그에게 자동차가 승용차인지 화물차인지 또 무엇을 싣고 있는지는 중요하지 않다. 정보처리 언어로 화물차를 표현하면 '의미단위'가 된다. 한스 요아힘 뮐러 뤼덴샤이트는 의미단위 화물차였던 것이다. 이러한 의미단위 트릭이 없었다면 우리는 그저 어떤 박사가 있었다는 것만을 기억했을 것이다.

따라서 정보는 의미단위로 묶어 단기기억에 넣는 것이 효과적이다. KBBMWIMFFTAWC를 외우기는 힘들다. 아니 거의 불가능하다고 해야 할 것이다. 그런데 이것을 의미 있는 단위로 나누면 외우기가 훨씬 쉬워진다. 단기기억이 받아들여야 할 기억단위가 줄어들기 때문이다. 위의 이상한 낱말은 이렇게 나뉠 수 있다. KB(국민은행), BMW(자동차), IMF(국제통화기금), FTA(자유무역협정), WC(화장실). 의미단위로 나누는 것은 단기기억에 있는 정보를 장기기억으로 옮기는 데 있어서도 대단히 효과적이다.

소환

단기기억에 있는 정보를 소환했다고 해도 바로 이 정보가 나타나는 것은 아니다. 여기저기를 뒤져보고 검색의 과정을 거친 후에 정보는 나타난다. 이 때문에 무엇을 다시 기억해 내는 데에는 시간이 걸린다. 이 시간이 천분의 몇 초에 불과하지만 말이다.

단기기억과 장기기억

단기기억의 저장 기간은 길어야 60초를 넘지 않는다. 그 이후에는 장기기억으로 들어간다. 장기기억은 몇 분에서 몇 십 년까지 갈 수 있다. 이 두 가지 기억의 유형은 도서 색인카드와 도서관에 비유할

수 있다. 단기기억은 채울 수 있
는 공간이 5-9자리밖에 안 된다.
물론 여기에 들어있는 정보는 빨
리 그리고 쉽게 다시 꺼낼 수 있
다. 따라서 단기기억이 가진 문제
는 정보의 재생에 있는 것이 아니
라 정보에서 발췌된 일부분만이

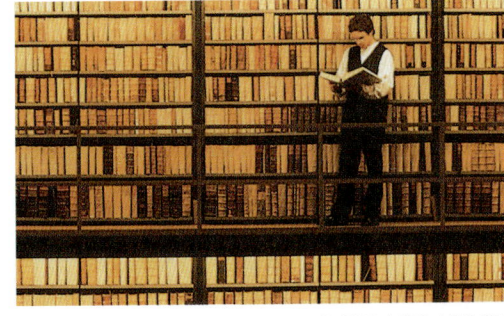

우리의 장기기억은 수많은 책이
들어있는 도서관과 같다. 책이
잘 정리되어 있을수록 더 쉽게
정보를 찾을 수 있다.

카드 위에 씌어 있다는 점이다. 다시 말해 선택적 집중이 문제인 것
이다. 장기기억은 엄청난 장서를 보유한 거대한 도서관이다. 여기
에서 문제는 원하는 책을 어떻게 찾느냐는 것이다.

우리는 어떻게 무엇인가를 기억하고 그것을 다시 되살려낼 수 있
는 것일까? 이미 의미단위의 기억에서 확인했듯이 무의미한 철자보
다는 의미 있는 정보가 더 쉽게 기억된다. 정보가 그 사람에게 의미
가 있으면 있을수록 그 정보는 더 잘 기억에 남는다. 따라서 다시 떠
올리기도 그만큼 쉽다. 정보가 의미로 부호화되어 저장되는 것을 의
미적 기억이라고 부른다.

의미적 기억에 대한 다른 대안은 시각적 부호화이다. 많은 사람
들은 영상으로 사물을 기억한다. 정보를 의미와 묶어주는 것과 정
보를 영상과 묶어주는 것, 이 두 가지 모두는 기억을 돕는다. 때론
이 두 가지가 기억에 함께 작용할 경우도 있다. 자고로 양다리를 걸
치는 게 더 안전한 법이다. 가령 결혼식은 어차피 그 의미 때문에 기
억에 남게 될 터이지만, 사진도 역시 있어야 한다.

기억과 감정
기억이 일어나는 순간에 감정도 극도로 고조되어 있을 경우, 기억
은 더 잘 된다. 많은 텔레비전 프로그램은 잊어버려도 집에 불이 났
을 때 보고 있던 프로그램은 기억한다.

부정적 감정은 저장된 정보가 기억에서 재생되는 것을 방해한다. 시험 공포가 전형적인 예라고 할 수 있다. 첫 번째 문제, 모르겠다. 점점 흥분되어 두 번째 문제를 잘못 이해한다. 세 번째 문제는 제대로 읽지조차 못한다. 이젠 패닉에 빠져 네 번째 문제가 있는지도 모른다. 만일 시험에 떨어져 그것이 사람들에게 알려지면 그 치욕과 불명예를 어떻게 감당할 것인가만 머릿속에 꽉 차있다. 이 예에서 공포 그 자체는 기억의 손상을 가져오지 않는다. 다른 감정의 침투 (치욕과 불명예)가 기억의 재생을 방해하는 것이다.

감정에 의해 기억의 재생이 봉쇄되는 다른 경우가 있는데 이것을 심리분석에서는 억압이라고 한다. 억압은 지극히 고통스런 경험이 무의식 속에 저장되어 있는데 그 심리적 고통이 기억의 재생을 봉쇄하는 것을 말한다. 이 경험은 함께 묶여있는 감정이 누그러졌을 때에만 다시 기억될 수 있다. 일반적으로 심리치료는 이러한 트라우마(정신적 외상)의 극복에 도움을 준다. 억압은 적극적인 기억장애이다. 저장된 기억으로 다가가는 통로는 적극적으로 봉쇄된다. 바로 이 점이 다른 기억장애와 억압을 구분하게 하는 것이다. 억압은 심리치료에서 환자를 치료하는 중에 발견되었다.

기억력은 어떻게 향상시킬 수 있을까?

단기기억의 경우에는 향상시킬 수 있는 방법이 별로 없다. 다만 이미 보았다시피 의미단위로 묶어 정보를 간소화할 수는 있다. 이것은 때로 아주 간단한 방법으로도 가능하다. 가령 200119841900이라는 의미 없는 숫자가 있다면 이것을 2001, 1984, 1900으로 나누면 된다. 이제 장기기억을 향상시킬 수 있는 방법을 알아보자.

단어끼리 운을 맞춰 간단한 노래를 만드는 것은 흔히 쓰이는 방식이다. 또 다른 방법은 개념을 영상화시키는 것이다. 가령 말과 탁자라는 개념이 있을 경우, 말이 탁자에 뛰어오르는 영상을 생각하

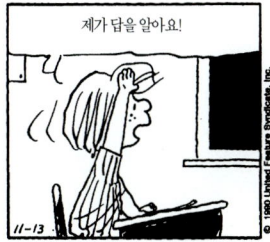 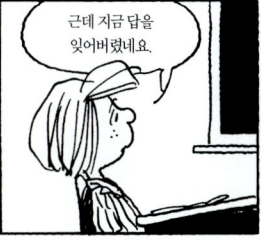 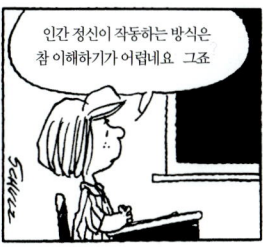

페퍼민트 패티가 미처 알지
못한 것이 있다. 무엇을 배울
때 강한 감정(긍정적이든
부정적이든)과 연결시키면 쉽게
기억할 수 있다.

면 쉽게 기억이 가능하다.

단어와 장소를 연결시키는 방법이 있다. 외워야 할 개념이 여러
개가 있을 때 머릿속으로 집 안을 걸어가고 있다고 상상하고 물건을
여기저기에 놓는 것이다. 가령 시장에서 사올 물건의 목록이 있다면
상상 속에서 집으로 들어가서 냉장고에는 계란을 넣고 식초는 창문
옆에 놓고 빵은 식탁 위에 놓고 휴지는 의자 위에 놓고 침실로 들어
가서 신문을 탁자 위에 놓고 꽃은 창문틀에 올려놓는 것이다.

외우고 싶은 것의 의미를 깊이 이해하여 논리적 연관성 속에 집
어넣는 것도 기억을 강화시킨다. 가령 단기기억과 장기기억의 차이
를 기억하려고 할 경우, 자신의 경험 중에서 단기기억과 장기기억
의 차이를 설명해 주는 적당한 예를 찾는 것이다.

문맥을 따라가는 것도 효과적이다. 원래의 문맥을 기억해 내는
것은 언제나 가능한 일은 아니다. 만약 어린 시절에 보았던 의사의
이름을 기억해 내려고 할 경우, 머릿속으로 그 의사를 만났던 병원
을 떠올린다. 그리고 그의 진료실을 생각하고 그의 얼굴을 생각하
고 그가 했던 말을 생각하고 그때 맡았던 냄새를 생각한다. 그러다
보면 어느 순간 그 의사의 이름이 떠오르게 된다.

배운 것을 이야기 속에 정리해 넣거나 단계적인 순서로 정리하면
더 기억하기가 쉽다.

목숨을 건 스포츠 활동,
16시간의 노동, 사회적 참여
무엇이 인간으로 하여금 이것을
하도록 만드는가?

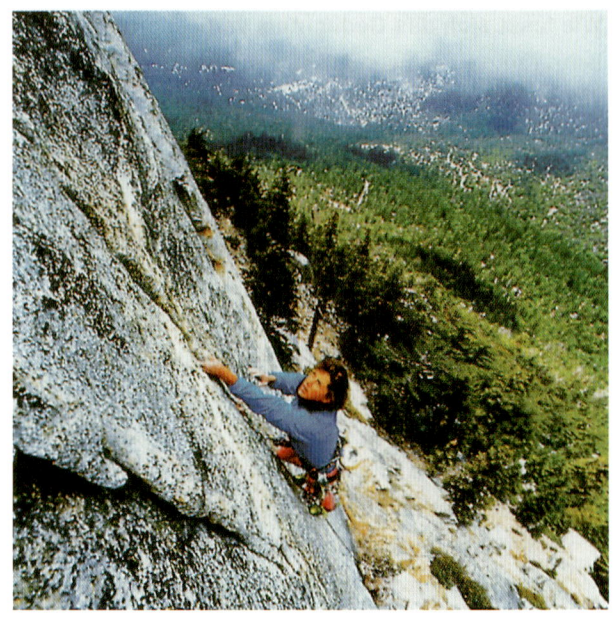

인간은 어떤 존재인가?

인간이 왜 그렇게 행동하는가는 우리가 동기에 대해 이야기할 때 핵심이 되는 질문이다. 왜 어떤 사람들은 목숨을 걸면서 산에 오르는 것일까? 왜 어떤 사람들은 쉬지도 않고 하루에 16시간씩 일을 하는 것일까? 인간으로 하여금 그렇게 행동하도록 만들고, 어떠한 방향으로 인간의 행동을 이끄는 힘은 무엇인가?

인간은 이성적인가, 기계적인가, 충동적인가?

'동기'는 여전히 논란이 있는 개념이다. 혹자는 동기란 전혀 쓸데없는 개념이라고 비판한다. 동기란 개념은 20세기 초에 처음으로 등장했다. 그 전까지 인간은 이성에 의해 행동하는 합리적 존재였다. 적어도 합리주의자들에게는 그러했다. 17, 18세기에는 데카르트, 홉스, 로크, 흄 같은 철학자들이 기계론적 관점을 대변했다. 인간은

'자동적으로' 그렇게 행동하도록 되어있다는 것이 그들의 생각이었다. 외부 혹은 내부의 힘이 인간의 행동을 자동적으로 규정한다는 것이다. 인간이 자신의 행동을 통제할 수는 없었다. 인간의 모든 행동을 규정하는 근본 메커니즘은 안락함을 추구하고 고통을 피하려 하는 것이라고 홉스는 주장했다.

살아있는 생명을 움직이는 동력 : 본능

기계론적 사고의 극단적인 영향을 보여주는 것이 본능 이론이다. 본능은 생명체로 하여금 특정한 방식으로 행동하게 만드는 생물학적 힘이다. 동물의 행동은 본능에 의한 것이다. 동물에게는 영혼이나 이성이 없기 때문에 본능에 이끌리게 되는 것이다. 인간과 동물 간의 차이점보다 이들 사이의 유사점을 더 많이 발견했던 다윈의 이론은 본능 이론에 문을 열어준 셈이었다. 본능 이론의 수장은 윌리엄 맥두걸(William McDougall, 1871~1938)이었다. 인간의 모든 생각과 행동은 유전적 본능에 의해 규정되며 학습과 경험에 의해 변화되는 것은 별로 없다고 맥두걸은 주장했다. 1908년에 출판된 『사회심리학』에서 맥두걸은 도주, 혐오, 호기심, 투쟁심, 획득의 추구, 자기주장, 생식, 군집, 겸손, 형성 의지의 10가지 본능을 열거하고 있다. 나중에 그는 여기에 18개의 본능을 추가시켰다. 만약 그가 더 오래 살았더라면 행동의 방식만큼 많은 수의 본능을 열거할 수 있었을 것이다.

충동과 욕구의 만족

인간의 모든 행동을 설명하려면 엄청나게 많은 본능이 필요하다는 것이 곧 드러났다. 청소 중독은 깨끗함의 본능 때문이고, 경쟁은 경쟁 본능 때문이며, 질투는 질투 본능 때문이라고 설명되었다. 이쯤 되면 본능 이론은 아무것도 말해 주는 것이 없는 동어 반복이 되고

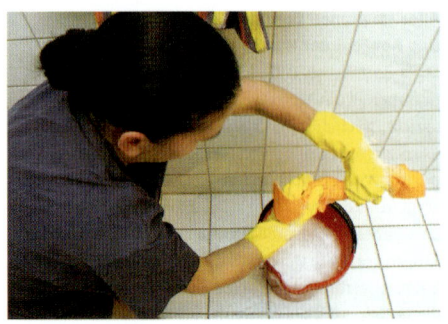

모든 것이 본능의 문제인가?
영국의 심리학자 윌리엄
맥두걸은 인간의 사고와 행동은
무엇보다도 유전된 본능에 의해
규정된다는 이론을 제시했다.

만다. 다만 모든 것이 충동에 의해 움직
인다는 주장만이 남는다. 본능 이론은 인
간의 행동을 묘사하기는 하지만 그것을
설명해 주지는 않는다.

거기다가 하나의 문화에서 흔히 볼 수
있는 본능이 다른 문화에서는 나타나지
않을 수도 있다는 비판이 인류학자들로부
터 제기되었다. 예를 들어 투쟁 본능은 일반적인 것이 아니다. 투쟁이
아예 없거나, 있다고 해도 거의 드문 문화도 존재하기 때문이다.

이런 문제점 때문에 본능 이론은 1920년대에 충동 이론에 자리
를 내주게 된다. 충동은 음식에 대한 욕구, 물에 대한 욕구, 산소에
대한 욕구나 고통을 피하려는 욕구처럼 생리학적 욕구에 의해 생기
는 것이다. 욕구의 강도가 증가하면(배고픔) 행동(먹을 것을 구함)은
욕구에 의해 생겨난 긴장을 해소(음식물의 섭취)하려 한다. 이렇게 해
서 긴장의 해소라는 생각에 바탕을 둔 동기 이론이 생겨나게 되었다.

항상성

생물학에는 항상성의 원칙이란 것이 있는데, 심리학에서 이 생각을
받아들였다. 항상성이란 몸이 내적 균형을 유지하려는 작용이라고
볼 수 있다. 가령 체온은 항상성의 원칙에 의해 조절된다. 만약 기온
이 떨어지면 몸은 혈관을 수축시켜 온기가 배출되는 것을 막고 몸을
떨게 하여 더 많은 칼로리를 연소시킴으로서 일정한 체온을 유지시
킨다. 기온이 올라가면 몸은 혈관을 확장시키고 땀을 배출하여 피
부의 온도를 떨어뜨린다. 이러한 방법으로 체온은 비교적 일정하게
유지되는 것이다.

항상성의 측면에서 보자면 욕구는 생리학적 불균형 혹은 최적의
상태로부터의 일탈이다. 이것에 대한 심리적 대응이 충동이다. 생

리학적 균형이 회복되면 충동 또한 가라앉게 되고 충동을 만족시키려는 행동도 멈춰지게 된다. 심리학자들은 항상성의 원칙을 확장시켜, 모든 생리학적 혹은 심리적 불균형은 균형을 되찾으려는 행동을 유발시킨다고 생각하였다.

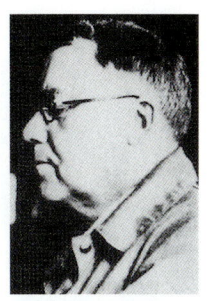

미국의 생리학자 월터 캐넌(Walter Cannon, 1871~1945)은 항상성의 개념을 발전시켰다. 항상성의 원칙에 따르면 모든 생명체는 생리적, 심리적 균형을 찾으려는 조정 메커니즘을 지니고 있다.

자극 – 인센티브

충동해소 이론도 모든 인간행동을 설명하지 못했다. 인간이 오직 내부의 충동에 의해서만 행동하지 않는다는 것은 너무도 명백하다. 외적인 자극(인센티브)도 또한 특정한 행동을 불러일으킬 수 있다.

쇼윈도 안에 진열된 맛있는 과자는 배가 고프지 않은 사람에게도 먹고 싶다는 생각이 나게 만든다. 그 경우에 자극은 먹고 싶은 생각을 불러일으킨다. 배부르게 먹은 동물도 다른 동물이 먹는 것을 보면 또 먹기 시작한다. 이 경우에 동기는 내적 충동이 아니라 외적인 자극이다.

이에 더해, 균형의 상태에 도달하려고 충동을 만족시킨다는 항상성의 원칙에 반하는 현상들도 발견되었다. 어떤 사람들은 긴장을 없애려고 하지 않고 오히려 긴장을 높이려 한다. 롤러코스터를 타기도 하고, 얼음으로 뒤덮인 산을 오르기도 하며, 번지 점프로 깊은 계곡으로 뛰어내리기도 하고, 낙하산을 메고 비행기에서 뛰어내리기도 한다. 이런 행동들은 긴장을 최고로 높인다.

이 때문에 최근의 동기 이론은 자극의 역할에 관심을 기울이고 있다. 여기서 자극이란 주위 환경에서 행동을 유발시키는 사물이나 조건을 말한다. 생명체는 긍정적인 자극에는 다가가려 하고 부정적인 자극은 피하려 한다. 목마른 동물에게 물은 긍정적 자극이다. 굶주린 개에게 자극적인 양념이 들어간 고기는 부정적인 자극이

외적인 자극은 특정한 행동을 하게 한다. 쇼윈도 안에 진열된 맛있는 과자는 다이어트 결심을 흔들어놓는다.

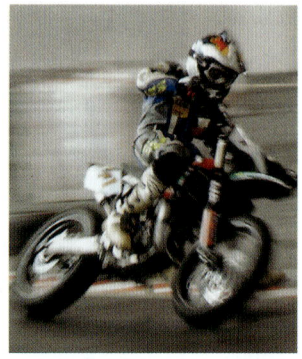

어떤 사람들에게는 긴장의 해소가 아니라 긴장의 고조가 자극이다.

다. 고통을 주기 때문이다. 성적으로 흥분된 남자에게 매력적인 여자는 긍정적인 자극이다. 화상을 입은 아이에게 시뻘겋게 달아오른 전기스토브는 부정적인 자극이다. 자극은 두 가지 작용을 한다. 첫째로 자극은 생명체에게 충동을 불러일으킨다. 둘째로 자극은 행동을 자기에게로 유도하거나(매력적인 여자) 자기로부터 떨어지게 한다(시뻘겋게 달아오른 전기스토브).

배고픔

배고픔과 음식물 섭취는 몸의 항상성 조절과 외적 자극, 사회적 요인으로부터 영향을 받는다. 필요한 음식물이 몸에 들어오지 않으면 몸은 자신이 저장하고 있던 것(지방)을 사용한다. 그것도 다 쓰게 되면 더 간절하게 음식을 찾게 된다.

우리는 외적 자극의 영향을 알고 있다. 눈으로 먹는다는 말이 있다. 몸이 충분한 영양분을 섭취하였음에도 불구하고 먹음직스런 디저트의 유혹을 떨쳐버리기란 쉽지가 않다. 그리고 좋은 사람들과 같이 먹으면 육체에 필요한 양보다 더 많이 먹게 된다. 반대로 식탁에

어떻게 하면 식욕을 자극하고, 어떻게 하면 식욕을 억제할 수 있을까?

여기에는 세 가지 요소가 결정적인 역할을 한다.

- 혈당수치가 떨어지면 시상하부로 음식을 먹어야 한다는 신호가 들어온다. 혈당수치가 다시 정상으로 돌아오면 음식물 섭취를 중단하라는 명령이 시상하부로 전달된다. 그런데 이러한 조절은 천천히 진행된다. 음식물 섭취 중단명령을 받을 때쯤이면 우리는 이미 음식을 과도하게 먹고 난 후이다. 그 때문에 음식을 먹을 때는 충분히 시간을 두고 천천히 먹는 것이 좋다.
- 위는 훨씬 빨리 반응한다. 동물실험에서 확인한 결과, 동물의 위로 직접 음식을 넣어주면 동물은 평소보다 훨씬 적게 먹는다. 위가 비면 위는 쪼그라들면서 꾸르륵거리는 소리를 낸다. 위가 차면 늘어난 위벽이 시상하부에 음식을 그만 먹으라는 신호를 보낸다.
- 세 번째 요소는 기온이다. 기온은 뇌의 온도에 영향을 준다. 뇌의 온도가 떨어지면 음식을 섭취하라는 신호를 보낸다. 그래서 겨울에는 보통 살이 찐다. 새해가 되면 보통 살을 빼겠다는 결심을 한다. 그런데 이런 결심은 여름에 하는 것이 좋다. 기온이 높으면 식욕이 떨어지기 때문이다.

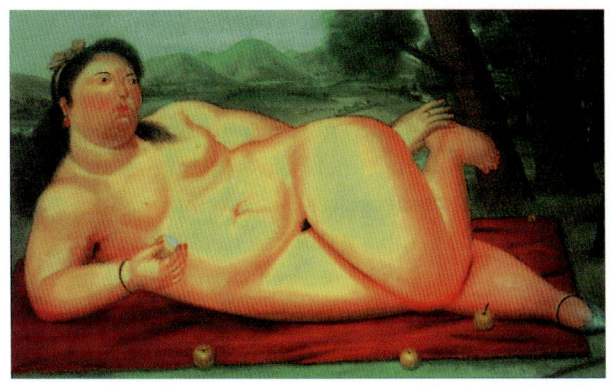

배고픔과 음식물 섭취에 대한 몸의 조절기능이 떨어지고 몸이 사용하는 양보다 많은 칼로리를 섭취하면 살이 찌게 된다.

혼자 앉아 밥을 먹을 때나 음식을 스스로 준비해야 할 경우에 디저트는 기꺼이 포기할 수 있다. 어떤 사람들은 아는 사람이 죽으면 식욕이 떨어진다. 반대로 어떤 사람들은 먹는 것으로 슬픔을 달랜다.

먹는다는 것에 관한 사실

많은 사람들이 다이어트에 실패하고 새로운 약이 나오면 다시 다이어트를 시도하기를 수없이 반복하는 것을 보더라도 우리가 얼마나 몸무게 때문에 고통을 겪고 있는지, 또 몸무게를 자신의 의지대로 조절한다는 게 얼마나 어려운 일인지를 알 수 있다. 여기서 배고픔과 음식물 섭취에 관련된 몇 가지 사실에 대해 아는 것은 도움이 될 수 있을 것이다.

　뇌에는 배고픔과 음식물 섭취를 조종하는 부분이 있는데, 그 부분이 시상하부이다. 다치거나 병에 걸려 시상하부에 손상을 입은 환자들은 너무 많이 먹어서 모두 과체중이 된다. 시상하부의 한 부분(외측 시상하부)은 음식물을 섭취하라는 신호를 담당하고 있고 다른 부분(내측 시상하부)은 음식물 섭취를 중단하라는 신호를 담당하고 있다. 이 두 부분이 함께 작동하여 두 가지 통제 시스템을 가동하고 있다. 하나의 통제 시스템은 필요한 때가 되면 먹으라, 혹은 그만

먹으라는 신호를 보냄으로써 몸의 음식물 섭취욕구를 충족시킨다. 또 다른 통제 시스템은 장기적으로 작용한다. 이 시스템은 체중이 비교적 일정하게 유지되도록 조절한다.

체중은 어떻게 일정하게 유지되는가?

대부분의 야생동물은 일생 동안 체중을 비교적 일정하게 유지한다. 먹을 것이 풍부한 때도 있고 그렇지 않은 때도 있음에도 그렇다. 인간의 경우에는 체중을 일정하게 유지하는 것이 그보다는 힘들다. 인간의 식습관이 감정과 사회의 영향을 강하게 받기 때문이다. 그렇긴 해도 정교한 시스템을 갖춘 시상하부는 며칠이나 몇 주 사이에 급격한 체중 변화가 일어나는 일이 없이 전체적으로 체중이 일정하게 유지되게 한다. 인간에게 체중의 변화는 천천히 일어난다. 살을 뺄 때는 특히 그렇다.

식욕을 돋우는 것

맛과 냄새는 식욕을 돋게 하고 소화 메커니즘을 활성화시킨다. 입에는 침이 흐르고 인슐린이 분비되며 위벽이 넓어진다. 맛있는 것과 좋은 냄새가 나는 것을 보기만 해도, 아니 심지어 생각만 해도 이러한 반응이 시작된다. 동물의 경우에도 먹이를 보는 것만으로도 시상하부의 활동이 증가하는 것을 실험에서 확인할 수 있었다. 좋아하는 먹이를 보면 뉴런의 속도가 급격하게 올라갔고 일반적인 먹이를 보면 약간 올라갔으며 먹을 수 없는 것을 보면 전혀 반응이 없었다.

우리는 칼로리가 아니라 음식을 먹는다

우리는 칼로리가 아니라 음식을 먹는다. 그리고 칼로리가 들어있는 음식은 문화적으로 규정된다. 포도나무달팽이나 굴은 어떤 사람들에게는 군침 돌게 하는 것이고 그것을 먹으려 돈을 아끼지 않게 만드는 음식이지만, 어떤 사람들에게는 구역질나게 하는 것이어서 오히려 그 사람들은 이것을 억지로 먹지 않아도 된다면 돈을 아끼게 될 것이다. 맛이 있는 것은 소화도 잘된다. 싫어하는 것을 먹으면 배탈이 날 수 있다. 인도의 카레는 독일의 시골사람에게 밤새도록 복통을 일으킬 수 있고, 반대로 인도 사람에게 독일의 감자경단은 위를 심히 부담스럽게 만들 수 있다. 이것은 칼로리와는 상관이 없다. 어떤 것이 먹을 수 있는 것인가는 배워서 알게 된다. 또 특정한 음식에 대한 기피는 문화에만 원인이 있는 것이 아니다. 어떤 음식을 먹은 후에 속이 좋지 않아 토했다면 그 음식은 계속 싫어하게 될 수도 있다. 기피치료는 고전적 조건 형성의 원리와 함께 바로 이점을 이용한다. 어떤 사람에게 특정한 기호식품(예를 들면, 술 같은 것)을 구토와 연관시키면 그 사람은 그것을 보기만 해도 속이 안 좋아지게 되어 그것을 기피하게 된다.

지방중독

비만은 많은 서양국가에서 건강을 위협하는 심각한 문제가 되어 버렸다. 뚱뚱한 사람들은 종종 '의지가 약하다'든가 '정서장애가 있다'든가 '애정결핍이 있다'는 편견에 시달린다. 이들을 보는 시각이 전적으로 틀리다는 보장도 없지만, 비만과 성격 또는 비만과 개인사적 특징(가령 어려운 성장기)을 연결 지을 수 있는 그 어떤 것도 아직 밝혀진 바는 없다. 뚱뚱한 사람들도 마른 사람들만큼이나 인성이나 인생의 경험에서 다양하다. 이 때문에 학자들은 어떠한 내적, 외적 요소들이 식습관에 영향을 주는가 하는 것에 집중했다.

연구와 실험은 비만인 사람들은 마른 사람들보다 음식의 유혹에 약하다는 결론을 확인해 주었다. 비만인 사람들은 어떤 음식이 맛이 있으면 그 음식을 남보다 많이 먹는다. 그러나 어떤 음식이 맛이 없으면 남보다 적게 먹는다.

또 비만인 사람들은 음식의 시각적 자극에서도 남보다 강하게 반응한다. 개암을 가지고 한 실험에서 뚱뚱한 사람들은 개암을 밝게 비춰주었을 때 더 많이 먹었다. 정상 체중인 사람들과 마른 사람들은 어둡든 밝든 별로 영향을 받지 않았다.

시간도 중요한 역할을 한다. 미국의 대학생들을 대상으로 한 실험에서 뚱뚱한 사람들은 식사시간이 가까워질수록 간식을 더 많이 먹는다. 마른 사람들은 반대로 식사시간이 가까울수록 간식을 덜 먹는다. 입맛을 버리고 싶지 않기 때문이다.

내적 자극과 비만

비만인 사람들은 대개 먹는 걸로 스트레스를 푸는 사람들이다. 정상 체중인 사람들은 긴장이 풀어졌을 때 더 많이 먹는 반면, 이런 사람들은 긴장을 하거나 두려움을 느낄 때에는 입 안에 무엇인가를 넣고 씹어야 한다.

한 실험에서 참가자들에게 네 가지 영화를 보게 하였다. 그중 세 가지 영화는 흥분을 하게 만드는 것(슬프고 웃기고 야한)이었고, 남은 하나는 지루한 여행 다큐멘터리였다. 정상 체중인 사람들은 네 영화를 보는 동안 각 영화마다 같은 양을 먹었다. 비만인 사람들은 지루한 영화를 볼 때보다 흥분되는 영화를 볼 때 훨씬 많은 양을 먹었다.

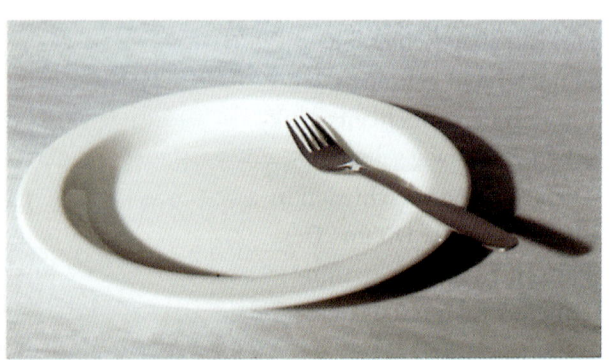

비만인 사람이 다이어트를 더 자주 한다.

비만인 사람들은 여러 내적 상태들을 서로 구분하는 능력이 떨어지는 것으로 추정된다. 그들에게 흥분은 똑같이 흥분이다. 그것이 긴장이든 공포든 분노든 배고픔이든 말이다. 그들에게는 모든 것이 배고픔으로 전환되는 것이다.

또 하나 놀라운 사실은 비만인 사람들이 다이어트를 더 많이 한다는 것이다. 다이어트가 더 많은 음식물 섭취를 불러오기도 한다. 먹는 것을 항상 절제하는 사람에게는 일종의 댐 붕괴현상이 일어날 수 있다. 이런 사람은 한번 먹을 것에 손을 대기 시작하면 멈추질 못한다. 체중에 별로 신경을 쓰지 않고 먹는 사람들은 몸의 자연적인 신호를 따르는 경향이 강하다. 음식을 절제하는 사람의 경우에는 다이어트에 실패했을 때 댐의 붕괴를 겪게 되고, 그것에서 스트레스를 받아 더 먹게 되고, 그러다보면 몸매는 더 망가지고, 그걸 보면 열등감에 젖게 되고, 다시 스트레스는 더 쌓이게 되는 역순환이 일어날 수 있다.

뚱뚱한 사람은 태어나길 뚱뚱하게 태어나는가?

음식물 섭취가 시상하부에 의해 조절되므로 우리는 비만인 사람의 뇌 속에 있는 조절장치가 음식을 먹을 때에는 더 많이 더 자주 먹게 만들고, 음식물 섭취를 중단시킬 때는 천천히 작동하는 것은 아닌가 하고 추측해 볼 수 있다.

비만인 사람의 지방세포와 정상 체중인 사람의 지방세포를 비교해 보면 또 다른 사실이 드러난다. 몸의 지방은 지방세포에 저장된다. 그런데 비만인 사람의 지방세포는 보통사람보다 크기도 크지만 숫자에서도 훨씬 많다. 어떤 경우에는 보통사람보다 세 배가 많다. 한 사람의 지방세포 수는 생후 2년 안에 결정지어진다. 그 이후 이 수치는 아주 일정하게 유지된다. 칼로리를 많이 섭취한다고 해서 지방세포의 수가 늘어나는 것은 아니고, 다만 지방세포의 크기가

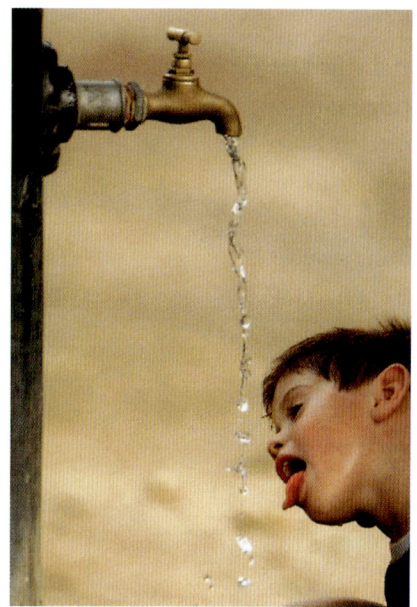
갈증은 강력한 동기부여
요인이다.

커질 뿐이다. 다이어트를 할 때에도 역시 지방세포의 수가 줄어드는 것이 아니라 지방세포의 크기가 줄어들 뿐이다. 따라서 지방세포의 수가 많은 사람은 몸의 지방 수용능력이 높은 것이다. 이런 사람은 더 많은 지방을 저장할 수 있다. 이것은 모든 사람에겐 자신에 맞는 지방수치, 달리 말해 자신에 맞는 체중이 있다는 것을 의미한다. 그러나 기본적으로는 몸이 사용하는 것보다 많은 칼로리를 섭취하면 살이 찐다. 그러므로 다이어트를 할 때에는 이중 작전을 쓰는 것이 효과적이다. 이중 작전이란 칼로리를 더 적게 섭취하고 더 많은 칼로리를 소비하는 것이다. 결국 적게 먹고 운동을 열심히 하라는 것이다. 전혀 운동을 하지 않으면 시상하부의 포만 감지기능이 둔화된다. 게으를수록 배부른 줄 모르는 것이다.

갈증

사람은 음식 없이는 1주일을 버틸 수 있지만 물 없이는 며칠을 못 견딘다. 물의 섭취에 관한 한 문화적으로 다양한 형태가 존재하지 않는 이유도 그 때문일 것이다. 뇌에 의해 조종되는 아주 엄밀하고 정교한 몸의 메커니즘이 우리 몸에 항상 충분한 수분이 남아 있도록 조절한다.

몸은 두 가지 방법으로 수분을 조절한다. 하나는 수분의 공급이다. 몸에 물이 부족하면 갈증이 생기고 갈증을 느끼면 우리는 물을 마신다. 다른 하나는 오줌의 배출이다. 몸에 물이 부족하면 호르몬은 신장에 신호를 보내 수분이 오줌으로 배출되지 않고 몸에 다시 흡수되게 한다. 이 때문에 아침에 누는 오줌이 낮에 누는 오줌보다 진하다. 마라톤을 할 때에도 같은 기능이 작동한다. 그때는 동시에 두 가지 기능이 함께 움직인다. 마라톤을 할 때에는 매 5킬로미터마다 물을 마시지만, 선수들이 소변을 해결하기 위해 숲을 찾아 들어가야 하는 일은 좀처럼 없다. 신장은 가능한 한 수분을 적게 배출하여 몸 안의 수분량이 적절하게 유지되게 한다. 이때 선수들은 목이 마르지 않아도 물을 마시도록 주의를 해야 한다. 목이 말라 마신 물을 몸이 흡수해서 필요한 목적에 사용하는 데는 12분이 걸리기 때문이다.

음식물과는 달리 물의 섭취와 관련해서는 특별한 병이 없다. 음식중독에 걸리는 것처럼 음료를 마시는 데 중독이 되는 경우가 있지만, 이때의 음료는 물이 아니라 대체로 알코올이다.

몸에 적절한 수분의 양을 조절하는 것도 또한 시상하부이다. 여기에는 생리학적 요소, 생화학적 요소, 호르몬이 크게 영향을 미친다. 그리고 보면 향수병보다 못 참겠는 것이 갈증이라는 말이 맞는 것 같다. 갈증을 해결할 수 있는 것은 오직 물이다. 거기에 심리학이 끼어들 자리는 별로 없다.

섹스 : 삶에 꼭 필요한 것인가?

섹스는 매우 강력한 동기부여 요인이다. 그러나 많은 점에서 배고픔이나 갈증과는 다르다. 섹스는 음식이나 물처럼 생명의 유지에 필요한 것이 아니다. 그러나 종의 유지를 위해서는 꼭 필요하다. 물과 음식물의 섭취는 신진대사를 위해 모자란 것을 채워준다. 섹스는 신진대사에 결핍된 것을 채워주는 것이 아니다. 성행위는 몸에 에너지를 공급하는 것이 아니라 반대로 몸이 에너지를 쓰

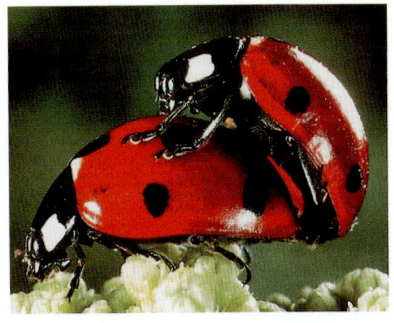

성적 행동은 생리학적 작용, 심리적 작용, 외적 자극이 합쳐져서 발생한다.

게 만든다. 성적 행동은 몸 안의 생리학적 작용(호르몬, 뇌)과 심리적 작용(감정, 흥분), 그리고 외적 자극 및 상황(옷, 분위기)이 어우러져서 일어난다.

동물의 경우에 성적 행동은 호르몬의 영향을 강하게 받는다. 그리고 자극–반응 도식에 부합하는 행동 패턴으로 진행된다. 인간의 경우에는 변수가 많다. 호르몬이 직접적으로 특정한 형태의 성적 행동을 규정하지는 않는다. 호르몬은 다만 섹스를 받아들일 수 있는 상황으로 인간을 데려갈 뿐이다. 사회적 행동 규칙도 커다란 영향을 미친다. 가령 나체는 같은 호르몬 수치에서도 사회적으로 규정된 특정한 상황에서는 매우 강력한 성적 자극으로 작용할 수 있다(집에서의 두 연인). 그러나 다른 상황에서는 아무 자극을 주지 않을 수 있다(대중 사우나에서의 낯선 사람들–역자 주: 독일에서는 사우나에 남녀가 같이 들어간다). 기본적으로는 생물의 종이 더 많이 진화되었을수록 성적 행동에 영향을 주는 요인도 다양하다. 그리고 그 요인들 사이의 상호작용도 그만큼 복잡하다. 생쥐의 시상하부에 전기 자극을 주면 항상 같은 패턴으로 교미를 하게 할 수 있다. 더 고등한 포유동물의 경우에 이러한 단순한 자극–반응 작용이 일어나는 것은 불가능하다.

생쥐와 원숭이, 인간의 성적 행위

교미에 있어 생쥐는 경험이 필요하지 않다. 경험이 없는 생쥐도 경험이 있는 생쥐와 똑같이 훌륭하게 교미를 한다. 프로그램이 입력되어 있어 마치 세탁기처럼 자동으로 진행된다. 생물의 종이 더 진화되었을수록 경험과 학습은 성적 행동에서 중요한 역할을 한다.

원숭이는 생쥐와 인간의 중간에 있다. 어린 원숭이는 생후 60일이 지나면 벌써 어른 원숭이의 성행위를 흉내 내기 시작한다. 그리고 시간이 지나면서 그것을 더 완벽하게 습득한다. 격리되어서 자란(가령 다른 원숭이를 볼 수는 있지만 그들과 접촉은 할 수 없는 우리에서 자란) 원숭이들은 대체로 어른이 되어서도 교미를 하지 못한다. 수컷 원숭이들은 자위행위로 정액을 분출시킬 줄도 알고 정상적으로 자란 원숭이만큼 자위행위를 자주하지만, 암놈 원숭이가 앞에 있으면 어떻게 행동해야 할지를 모른다.

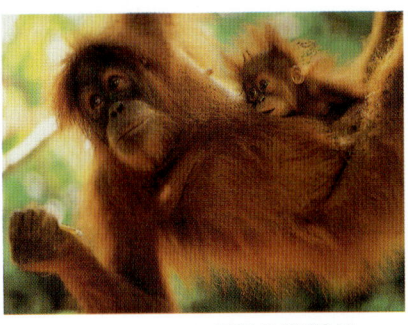

동물이 더 진화됐을수록 성적 행동에 있어 경험과 학습은 중요하다. 고릴라가 이성간의 성행동을 발전시키기 위해서는 어미, 그리고 동료와의 애정을 필요로 한다.

동료와의 접촉 없이 자란 원숭이는 많은 관계에서 행동장애를 보여준다. 할로우는 레수스 원숭이의 실험에서 정상적인 이성간 성행동은 세 가지 요인에 좌우된다는 결론을 얻었다.

- 특정한 성적 반응의 발전. 예를 들면 암놈을 잡거나 엉덩이를 부딪치는 것
- 호르몬의 영향
- 상대와의 정서적, 감정적 관계. 애정관계는 어미 원숭이, 그리고 동료 원숭이와의 접촉을 통해 생겨남

원숭이의 경우를 인간에 대입하는 것에는 문제가 있다. 그러나 어느 정도 유사성이 있는 것도 사실이다. 우리는 병원에서 성적 장애가 있는 사람들을 관찰하고 치료하면서 인간에게 애정적 결속이 얼마나 중요한지를 알게 되었다. 애정이 있으면 성적인 '궁합'도 잘 맞게 되고, 두려움도 별로 느끼지 않게 되고, 장난과 발견의 즐거움을 통해 호르몬이 성적 행동에 제공해 준 그 모든 가능성을 누릴 수 있게 되는 것이다.

섹스와 문화적 영향

인간의 성적 행동은 문화적 영향을 강하게 받는다. 모든 사회는 성

에 어느 정도 제약을 가한다. 근친상간은 거의 모든 문화에서 금지하고 있다.

다른 성적 행동(아이들의 '병원놀이', 동성애, 자위, 혼전성교)들은 여러 문화에서 상이한 수준으로 허용된다. 인류학자들은 원시부족 문화를 연구하면서 허용된 성적 행위의 다양한 형태를 발견했다. 아이들에게 자위행위나 성적 놀이를 권장하는 부족도 있다. 이 부족에서는 아이들에게 성행위에 대한 교육을 시킨다. 아이들은 어른들이 성행위를 하는 것을 지켜볼 수 있다. 아프리카의 체와족은 아이들이 자라서 부모가 되기 위해서는 아이 때부터 섹스에 대한 훈련을 받아야 한다고 생각한다. 뉴기니 삼비아족의 남자아이들은 소년 시절부터 결혼 전까지 다른 남자아이들과 같이 생활하는데, 이때 남자아이들 사이에서 동성애가 활발하게 이루어진다.

그와는 반대로 아이들의 성을 통제하고 아이들이 성에 대해 조금이라도 알게 되는 것을 막는 아주 엄격한 사회도 있다. 남아메리카의 쿠나족은 결혼하기 전까지 아이들은 성에 대해 조금이라도 알면 안 된다고 생각한다. 그 부족의 아이들에게는 동물이 새끼를 낳는 것을 보는 것조차 허용이 안 된다. 아프리카의 아샨티족은 성년식을 치르지 않은 여자와 성교를 하면 두 사람 모두 사형시킨다. 다른 성적 행동에 있어서도 각 사회가 바라보는 시각은 극단적으로 다르다. 가령 동성애는 몇몇 원시부족에서 성인이 되기 위한 중요한 경험으로 여겨진다. 반면에 다른 부족에서는 동성애를 하다 발각되면 사형을 시킨다.

서구사회도 20세기에 깊숙이 들어설 때까지 성에 대해 엄격한 태도를 지켜왔다. 사춘기 이전의 성에 대해서는 알려고 하지 않았다. 아이들의

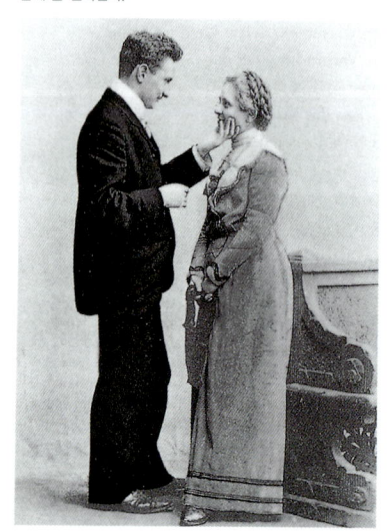

모든 사회는 성에 대해 어느 정도 제한을 둔다. 그런데 이 제한은 시간과 함께 늘 변화한다.

성에 관해 서술한 지그문트 프로이트의 1905년 저서 『성욕에 관한 세 편의 에세이』는 영국에서 1949년이 되어서야 출판되었다. 오로지 결혼한 부부 사이의 섹스만이 허용되었다. 다른 형태의 성적 행동(동성애, 구강성교, 혼전성교, 혼외성교)은 경멸의 대상이었고 때론 법으로 금지되었다. 물론 이러한 행동이 실제로 없었던

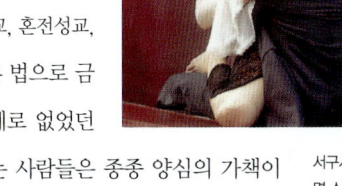

서구사회에서는 최근 몇 십 년간에 성에 관한 많은 터부가 무너졌다.

것은 아니다. 그러나 그것을 행하는 사람들은 종종 양심의 가책이나 죄책감, 혹은 수치심을 느껴야 했다.

성에 대한 태도의 변화

성에 대한 태도는 최근 수십 년 동안 상당히 관대해졌다. 적어도 성에 관한 이야기나 성의 표현에 관한 한 우리 사회가 어느 정도 관용적으로 변했다고 말할 수 있을 것이다. 대중신문 1면에 꼭 실리는 누드 사진과 음란한 문장은 40년이나 50년 전에는 『플레이보이』 잡지에서나 볼 수 있었다. 그 당시에는 『플레이보이』 잡지를 슈퍼마켓의 진열대에 전시할 수도 없었다.

혼전 성경험에 대한 태도도 뚜렷한 변화를 보여준다. 특히 여성의 경우에 그러하다. 미국의 한 연구조사는 그러한 사실을 분명하게 보여준다. 숫자는 혼전 성경험이 있는 결혼한 남자와 여자를 퍼센트로 나타낸 것이다. 그 조사는 천사백 명을 대상으로 이루어졌다. 나이는 혼전 성경험을 할 때의 나이가 아니라, 그 조사가 이루어졌을 때의 나이를 말한다.

나 이	25세 미만	25-34	35-44	45-54	55세 이상
남 자	95	92	86	89	84
여 자	81	65	41	36	31

남자와 여자 : 섹스, 두려움, 화

혼전 성경험에 대한 태도에서 남자와 여자는 비슷해지는 경향을 보이지만, 성에 대해서는 남자와 여자가 아주 다른 태도를 가지고 있다. 혼전 성경험이 있는 여성의 다수가 하나나 두 사람의 남성과 혼전에 성관계를 가졌고, 그 남성과는 사랑하는 사이였다. 조사에 참가한 여대생들의 대답에서 여성들은 섹스 자체에 대한 흥미나 욕구에 의해 성관계를 가지는 것이 아니라 애인과의 로맨틱한 관계를 깨지 않기 위해 성관계를 하는 경향을 보였다. 이와 반대로 남성들은 결혼 전에 여러 명의 여성과 특별한 감정 없이 성관계를 가진다.

남자와 여자는 상이한 성적 태도를 가지는 것뿐만 아니라, 성적 관계에 있어서도 서로 다른 문제를 안고 있다. 미국의 대학생들에게 상대와 섹스를 할 때 어떤 문제점을 느끼는지 물어보았다. 여성들은 주로 두려움을 가지고 있었고, 남성들은 주로 화가 난다고 대답했다. 임신에 대한 두려움, 강간에 대한 두려움, 정복되고 나서 버려지는 것은 아닐까 하는 두려움이 여성 참가자들이 가진 중요한 걱정이었다. 남자 대학생들은 자신의 두려움이나 걱정을 표현하기보다는 여성에 대한 비난을 쏟아놓았다. 성에 개방적인 태도를 가진 여자를 만나는 것이 얼마나 어려운지 모른다거나, 항상 여자를 찾아나서야 한다거나, 섹스를 하고 싶어도 상대가 응해주지 않는다는 것이 그들의 대답이었다.

그 대답들에는 사랑과 성에 대한 이들의 태도가 반영되어 있다. 여성에게는 섹스가 애정관계의 한 부분인 반면에, 남성에게 있어서의 성은 사랑과 분리된 경험이다.

이성애와 동성애

알프레드 킨제이(Alfred Kinseys, 1894-1956)의 보고서 이후 대부분의 심리학들과 성 연구자들은 동성애를 하는 것과 안 하는 것 '둘 중의 하나'의 문제가 아니라, 연속적 스펙트럼 위에 있는 문제라는 것을 인정하게 되었다. 이 스펙트럼의 한쪽 끝은 동성애만을 하는 것이고, 반대편 끝은 이성애만을 하는 것이다. 그 중간의 성적 경험은 흔하게 일어난다. 대부분의 남자들은 어린 시절에 성적 놀이를 한다. 그리고 많은 사람들이 청소년기나 그 후 어른이

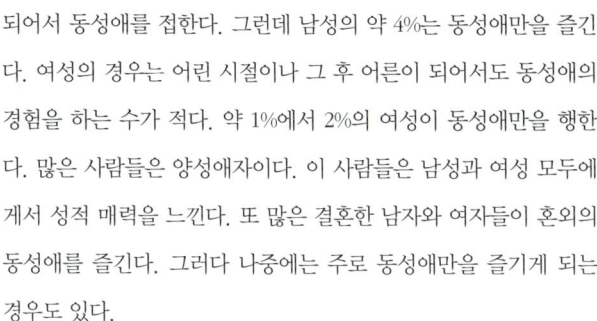

되어서 동성애를 접한다. 그런데 남성의 약 4%는 동성애만을 즐긴다. 여성의 경우는 어린 시절이나 그 후 어른이 되어서도 동성애의 경험을 하는 수가 적다. 약 1%에서 2%의 여성이 동성애만을 행한다. 많은 사람들은 양성애자이다. 이 사람들은 남성과 여성 모두에게서 성적 매력을 느낀다. 또 많은 결혼한 남자와 여자들이 혼외의 동성애를 즐긴다. 그러다 나중에는 주로 동성애만을 즐기게 되는 경우도 있다.

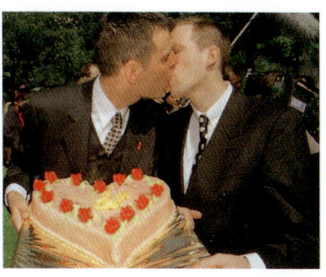
동성애는 1970년대까지 범죄로 취급되었다. 그러나 요즈음은 성적 행동의 정상적 형태의 하나로 받아들여지고 있다.

　70년대 초까지만 하더라도 동성애는 정신병이나 변태행위로 여겨졌다. 오늘날에는, 일반적으로 그러한 것은 아니라 해도 적어도 전문가들은 동성애를 성적 행동의 '정상적'인 변형의 하나로 생각한다.

호모들은 종종 여성적으로 행동하고 레즈비언들은 종종 남성적으로 행동한다. 그러나 그것이 일반적인 법칙은 아니다.

성적 성향의 원인

동성애적 성향과 이성애적 성향의 원인에 관해서는 아직도 확실한 것이 없다. 동성애자와 이성애자를 구별 짓는, 신뢰할 만한 육체적, 정신적 차이점이 아직까지는 발견되지 않았다. 많은 남성 동성애자는 여성스럽게 행동하고 많은 여성 동성애자는 남성적으로 행동한다. 그러나 이것이 꼭 맞는 법칙은 아니다. 남성 동성애자들은 비동성애자에 비해 테스토스테론 수치가 낮고, 정자의 수도 적다는 보고가 있다. 그러나 이것이 동성애의 원인인가는 확실하지가 않다. 남성 동성애자에게 테스토스테론을 추가로 주입해 주면 성에 대한 욕

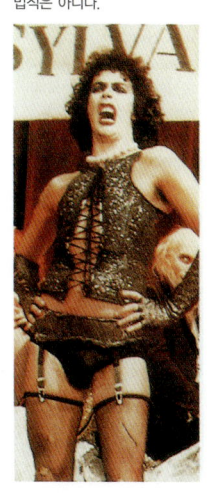

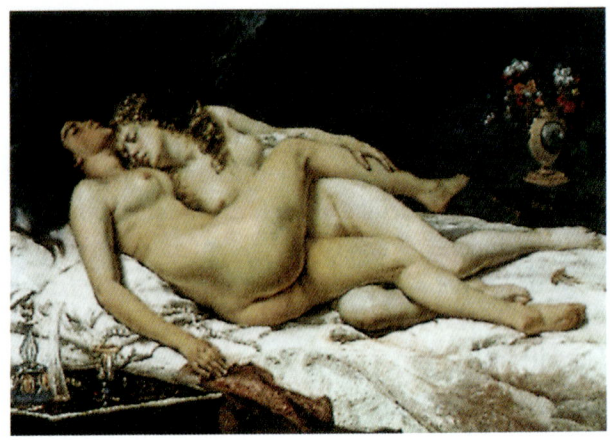

성적 성향의 형성에 있어
유전적, 심리적, 사회적 요인은
중요한 역할을 담당한다.

구가 커진다. 그러나 비동성애자의 경우에도 그것은 마찬가지이다. 테스토스테론 호르몬의 주입으로 성적 성향이 바뀌지는 않는다.

아마도 유전적, 심리적, 사회적 요인이 동성애적 성향에 함께 복합적으로 작용하는 것으로 보인다. 그리고 각 개인의 경우마다 다 다르게 작용하는 것 같다. 남자아이가 아버지나 그 외의 다른 남성 어른이 없이 자라는 경우에 엄마에게 자신을 동일시하여 여성적 정체성을 가지는 수도 있다. 남자아이의 삶에서 아버지는 거의 존재감이 없고 엄마가 지배적인 인물일 경우에도 역시 같은 현상이 나타날 수 있다.

아이가 이성의 또래와 거의 접촉이 없는 경우에도 그럴 수 있다. 여자 기숙학교에 있어서 남자아이들과 거의 접촉이 없는 여자아이는 최초의 성경험을 같은 여자와 하기 쉽다. 그리고 그 경험이 좋았다면 그 아이는 계속해서 여자와 성적 접촉을 하게 될 것이다. 특히 남자와의 첫 접촉이 실망스럽거나 끔찍하게 싫은 것이었을 경우에는 더욱 그렇다.

보편적으로 성에 적대적인 환경에서 동성애가 나타나는 것은 특히 여성의 경우 아닐까 하는 추측도 해볼 수 있다. 이 경우에 남자와의 성적 관계는 '순수함' 에 대한 위협과 위험으로 여겨져서 그것을 향한 욕망은 억압된다. 덜 위협적인 유일한 성적 감정은 여자를 향한 것일 수밖에 없다.

심리분석은 유전자의 발생과정으로 볼 때(4주나 6주가 되어야 태아는 여자와 남자로 갈라진다) 남성과 여성 모두는 양성애적이라고 본다. 여러 요인과 영향에 의해 한쪽 성향이 두드러지고 다른 성향은 숨어들게 된다는 것이다. 우호적(혹은 비우호적)인 조건(사랑에 빠짐, 혹은 교도소)이 갖춰지면 이제까지 숨어있던 성향이 드러나게 된다. 사회의 경멸 때문에 종종 잠재적 성향은 억압된 채로 남아있다. 다만 상징적인 혹은 고양된 형식에서 그 성향은 표현된다. 가령 끈끈한 전우애라든지, 축구에서 골을 넣었을 때 단체로 뛰어오르는 행동이라든지, 과장된 남성적 이상을 키우며 공격적인 경멸('더러운 변태새끼들' 이라고 욕을 하는 등)을 보인다든지, 동성애를 이상화('더 좋은 남자' 라고)시킨다든지, 동성애자에게 도움을 주어 병을 고치게 해야 한다는 식의 이타적 방어나 요구를 한다든지 하는 일은 모두 동성애의 고양된 형식으로 볼 수 있다.

이 이론들 중 어떤 것도 확실하게 증명된 바는 없다. 일란성 쌍둥이에 대한 연구들은 유전 이론에 힘을 더해준다.

호모와 레즈비언들에게서 볼 수 있는 눈에 띄는 사실은, 그들은 어릴 때 자신의 성별에 맞게 행동하는 것을 좋아하지 않았다는 것이다. 남자 아이들은 '전형적인 남성적' 활동에 별로 흥미를 느끼지 못했으며, 여자아이들은 주로 남자아이들과 놀았다. 그리고 양쪽 다 다른 성별 쪽에 친구가 많았다.

이러한 사실은 유전적 요소와 환경적 영향을

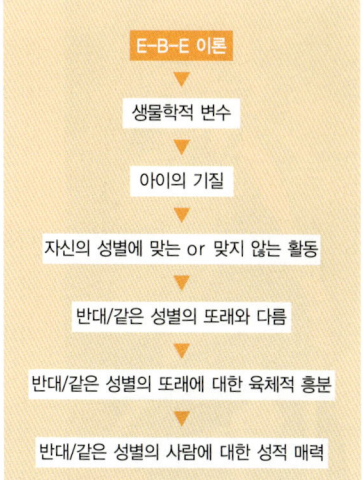

E-B-E 이론

⬇

생물학적 변수

⬇

아이의 기질

⬇

자신의 성별에 맞는 or 맞지 않는 활동

⬇

반대/같은 성별의 또래와 다름

⬇

반대/같은 성별의 또래에 대한 육체적 흥분

⬇

반대/같은 성별의 사람에 대한 성적 매력

연결시켜 주는 이론의 단초를 제공했다. 이 이론은 'E-B-E 이론'이라 불린다. 이 이론의 명칭은 '낯선 것이 아름답다(exotic becomes erotic)'는 말의 영어 철자에서 나온 것이다. 타고난(아마도 유전적인) 요인이 아이가 자신의 성별에 맞게 성장하는가, 아닌가를 결정한다고 이 이론은 주장한다. 자신의 성별에 맞지 않게 행동하는 아이는 동성을 낯설게 느낀다. 낯선 것은 자신의 것보다 매력적이다. 극끼리는 서로 당기기 마련이다. 낯선 것에서 느끼는 일반적인 자극이 나중에 특정한 성적 자극으로 변하게 되는 것이다.

이 이론에서 뛰어난 점은 선천적 요인과 후천적 요인을 통합한다는 것뿐 아니라 동성애와 이성애 모두를 설명할 수 있다는 것이다. 낯선 것이 매력적이다.

공격성

잡지 코너나 비디오 대여점에 들어가서 제목을 죽 훑어보면 바로 성과 공격성- 'sex and crime' -이 인간행동의 중심적 동기임을 확신하게 될 것이다.

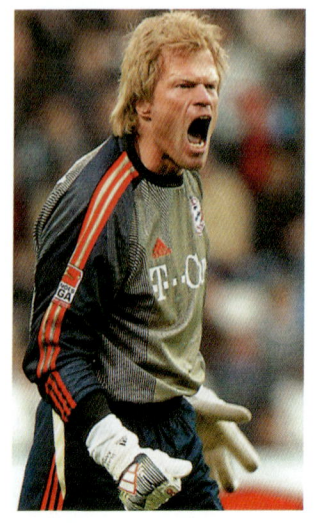

공격성은 타고난 것은 아니지만, 그래도 '충동적'이다.

어떤 누군가가 우리에게 상처를 준다고 해서 이것이 무조건 공격적 행동은 아니다. 여기서 말하는 공격성이란 사물, 대상, 사람에 대한 의도적 행동을 의미한다. 가능한 한 적대적 공격성과 도구적 공격성을 구별하는 것은 공격성의 본질과 원인에 관한 논의에 도움이 된다. 에리히 프롬(Erich Fromm, 1900-80)은 『인간의 파괴성에 대한 해부』에서 도구적 공격성을 '공격성'이라고 부르고, 적대적 공격성을 '파괴성'이라고 불렀다. 파괴성은 파괴를 지향하고, 공격성은 목적의 성취를 지향한다. 공격성에 대한 이론은 도구적, 파괴적 공격성 모두를 다뤄야 한다고 프롬은 주장한다.

삶 안의 죽음 : 충동으로서의 공격성

프로이트는 공격성(성과 더불어)을 인간의 근본적인 충동으로 보았다. 그는 공격성이 죽음의 충동에서 나온 것이라고 여겼다. 죽음의 충동은 공격적 에너지를 만들어내는데, 이 에너지는 어느 곳으로든 흘러가지 않으면 안 된다. 외적으로 드러난 공격성을 통해 밖으로 나가든지 자기파괴적 행동의 형태로 안으로 들어간다는 것이다. 프로이트는 공격성의 극복에 대해 시간이 흐를수록 점점 더 비관적이 되어갔다. 최상의 경우 '방어기제'는 공격적 에너지를 다른 데로 돌리거나 비교적 위험하지 않은 형태, 혹은 사회에 이익이 되는 형태(가령 정의를 위한 투쟁)로 변형시킬 수 있을 뿐이라는 것이다.

공격성에 대한 프로이트의 견해는 무엇보다도 1932년에 알베르트 아인슈타인(Albert Einstein, 1879~1955)에게 보낸 편지에 함축적으로 요약되어 있다. 아인슈타인은 왜 인간은 전쟁을 일으키는가라는 문제에 관해 프로이트와 서신을 주고받았다. 인간이 증오와 파괴를 즐기는 것이 있을 수 있는 일이냐고 아인슈타인은 물었다. 여기에 프로이트는 이렇게 대답했다.

'……사람들을 전쟁에 열광하게 만드는 것이 어찌 그리 쉬운지에 대해 선생은 놀라워하십니다. 또 인간 안에는 그러한 부추김에 호응하는 무엇인가가, 가령 증오와 파괴를 향한 충동이 작동하고 있다고 추측하셨습니다. 저는 선생의 견해에 또 다시 전적으로 동의할 수밖에 없습니다. 저는 그러한 충동이 존재함을 믿고 있습니다. 그리고 최근 몇 년 간 그 충동이 어떻게 표현되는가를 알아내려 해왔습니다. (……) 사랑의 충동이 삶을 향한 노력을 표현하는 반면에, 이 충동은 진정으로 죽음의 충동이란 이름을 얻을 자격이 있습니다. 죽음의 충동은 특별한 신체기관의 도움을 통해 밖으로, 대상에게로 사용되었을 경우에 파괴의 충동이 됩니다. 말하자면 살아있는 존재는 다른 존재의 삶을 파괴함으로서 자신의 삶을 지키는 것입니다.'

공격성은 선천적 충동이라는 프로이트의 견해에 대한 저항이 곧 일어났다. 이 저항은 좌절-공격-가설로 구체화되었다. 좌절이 인간을 공격적인 상태로 몰고 간다고 이 이론은 주장한다. 인간은 어렸을 때부터 쭉 갖가지 방법으로 좌절해 왔기 때문에, 그 결과로 나온 공격성은 선천적인 것은 아니지만 그래도 여전히 '충동적'이라는 것이다.

사실 : 생물학적 토대

동물의 뇌를 수술하여 행동을 조작하는 실험의 결과는 공격성 본능 이론의 주장을 뒷받침한다. 시상하부에 약한 전기 자극을 가하면 동물에게서 공격적인 행동을 이끌어낼 수 있다. 뇌에 이식된 전극을 통해 고양이의 시상하부를 자극하면 고양이는 '캬-' 소리를 내며 털을 곤두세운다. 고양이의 동공은 늘어나고 고양이는 쥐나 우리 안의 다른 물건을 움켜쥔다. 그러나 시상하부의 다른 부분을 자극하면 고양이는 완전히 다른 행동을 보여준다. 고양이는 '사나워'지는 것이 아니라 쥐를 잡아 '냉혹하게' 죽여버린다.

이것은 원숭이나 들쥐에게도 똑같이 해당된다. 실험실에서 자라 생쥐를 죽여본 적도 없고, 야생들쥐가 생쥐를 죽이는 것을 본 적도 없는 들쥐는 생쥐와 한 우리 안에서 평화롭게 살 수 있다. 그러나 들쥐의 시상하부를 신경화학적 물질로 자극하면 이제까지 평화롭게 같이 살았던 생쥐에게 달려들어 야생들쥐가 생쥐를 죽이는 것(척수를 찢을 정도로 목을 세게 문다)과 똑같이 생쥐를 죽인다. 신경화학적 자극이 이제까지 잠재되어 '잠자고' 있던 선천적인 살생 반응을 깨우는 것으로 보인다. 거꾸로 자극을 방해하는 물질을 주사하면 생쥐를 죽이던 들쥐는 금세 '평화로워'진다.

고등한 포유동물의 경우, 이러한 본능적 공격 행동은 대뇌피질에 의해 조종되지만, 이때에도 경험의 영향을 훨씬 많이 받는다. 무리

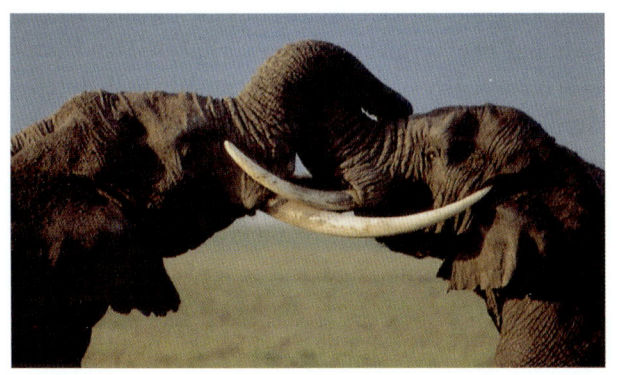

고등한 포유동물은 공격성을 통제할 수 있다. 싸움은 상대방의 죽음으로 끝나는 것이 아니라, 상대의 의식(儀式)화된 복종으로 끝난다.

를 지어 사는 원숭이들에게는 위계질서가 있다. 한 마리나 두 마리의 수컷 원숭이가 대장으로 무리를 이끌고, 나머지 수컷 원숭이들은 그 밑의 각각 다른 위치를 차지하고 있다. 대장 원숭이의 시상하부에 전기 자극을 가하면 그 원숭이는 부하인 수컷 원숭이를 공격한다. 암컷 원숭이를 공격하는 일은 없다. 부하 원숭이에게 같은 방법으로 자극을 주면 이 원숭이는 몸을 숙이고 더 강한 복종심을 보인다. 그러므로 시상하부를 자극하면 공격성이 자동적으로 생겨난다고 할 수는 없다. 아마도 시상하부는 대뇌피질에 '공격성을 담당하는 기관을 활성화하라'는 신호를 보내지만, 대뇌피질은 경험과 주어진 상황에 비추어 가장 적합한 반응을 선택하는 것으로 보인다.

인간도 공격성을 유발하는 동일한 신경 메커니즘을 가지고 있다. 그러나 그 메커니즘의 활성화는 동물에서보다 훨씬 많이 인식의 통제를 받는다. 공격성의 강도와 형태는 그 사람이 상황을 어떻게 인식하는가, 이전에 어떠한 경험을 했는가, 공격성을 사회적으로 용인되는 형태로 분출하는 방법을 배웠는가에 달려있다.

공격성은 배우는 것이다

학습 이론은 공격적 행동이 본능이나 충동에 이끌리는 것이 아니라 보고 배우는 것이라고 생각한다. 공격적 행동은 관찰이나 흉내를 통해 배우게 된다. 공격성이 강하게 각인될수록 공격적 행동도 자주 나타난다. 하는 일에 진전이 없거나 적대적 환경에 부딪혀 자신이 원하는 것을 하지 못해 좌절감을 느끼는 사람은 감정적으로 흥분된 상태에 빠진다. 이 흥분상태는 다른 스트레스 상황에서 배웠던 반응을 촉발시킨다. 좌절을 느끼는 사람은 도움을 구하거나, 누군가에게 말을 하거나, 스스로 움츠리거나, 더 힘을 내서 다시 한 번 도전해 보거나, 술이나 마약으로 자신을 달래거나 할 수 있다. 이 사람은 항상 이제까지 비슷한 상황에서 좌절감을 극복하는 데 가장 효과적이었던 수단을 선택할 것이다. 여기에서 볼 수 있듯이, 좌절감은 좌절감을 느끼게 하는 상황에서 공격적 행동으로 반응하도록 배운 사람에게만 공격성을 유발시킨다. 다음의 도표는 공격성에 대한 이론들을 한눈에 개관할 수 있게 해준다. 학습 이론이 얼마나 탁월한지, 그리고 얼마나 많은 행동방식을 이해할 수 있게 해주는지를 이 도표에서 확인할 수 있다.

이 도표는 공격적 행동의 발생에 관해 다양한, 그리고 점차 복잡해지는 견해들을 보여준다.

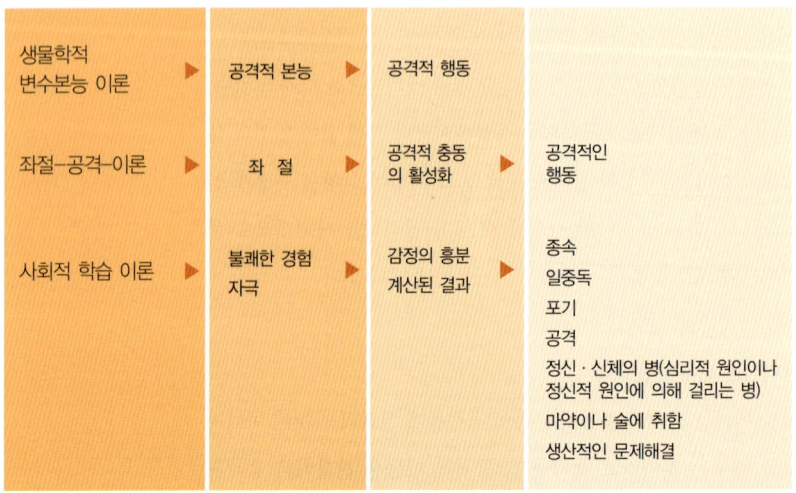

흥분과 폭력

학습 이론에 따르면 불쾌한 기분은 감정의 흥분을 불러일으킨다. 어떠한 목적의 달성이 막혀있어 느끼는 좌절감은 불쾌한 경험이다. 육체적 피로 같은 다른 불쾌한 기분들도 감정의 흥분을 가져올 수 있다. 이 기분들은 공격적 행동으로 이끄는 다른 요인들이나 다른 자극들이 더해지면 공격적 행동을 유발시킬 수 있다. 한 실험에서 참가자들에게 덥고 답답한 방에서 문제를 풀게 했다. 이들은 쾌적하고 시원한 조건에서 문제를 푸는 다른 참가자들보다 공격적인 사람들이 아니었다. 그러나 양쪽 그룹 모두가 공격적인 '지문'을 보자 더운 방에 있었던 사람들이 시원한 방에 있었던 사람들보다 더 공격적이 되었다. 소음의 경우에도 비슷한 현상을 관찰할 수 있었다.

공격성을 조장하는 다른 자극이 함께 작용하면 불쾌하지 않은 상황에서 얻은 흥분도 공격성을 높일 수 있다. 어떤 실험에서 힘들고 격렬한 육체적 활동을 한 사람들은 그 이전 힘들지 않았을 때 화를 돋우었던 사람을 다시 보게 되면 공격적으로 변했다. 이전에 화를 돋우었던 사람을 보지 못한 경우에는 피로한 상황에서도 공격성을 보이지 않았다. 이전에 화가 나게 만든 사람을 만났을 때 야한 영화를 봐서 성적으로 흥분된 상태에 있는 사람은 흥분되지 않는 영화를 본 사람보다 더 공격적이었다. 성적으로 흥분된 사람들도 이전에 화나게 만든 사람을 보지 않으면 공격적으로 되지 않았다.

흥분을 일으킨 것이 무엇이든지에 상관없이 감정적인 흥분은 공격성을 높이지만, 공격성을 조장하는 자극이 더해져야만 공격적 행동을 유발시킨다는 것을 이 연구는 보여주고 있다. 이 사실은 사회적으로 나타나는 몇몇 공격적 행동들, 그리고 비합리적 행동들을 더 잘 이해할 수 있게 해준다. 일상의 스트레스에 의해 감정적 흥분은 점점 높아진다. 그러다 누가 주차장에서 자기 자리를 빼앗거나 하면 뇌관이 폭발한다. 또 축구 경기장에서 흥분은 술과 응원가에 의해 점점 고조된다. 이때 상대편 팬들은 시비를 걸어오지 않아도 보는 것만으로도 이미 공격성을 유발시키는 자극이 된다.

텔레비전은 폭력을 조장하는가?

여러 연구들이 공격적 행동은 모방을 통해 학습될 수 있다는 것을 보여주고 있다. 모방의 모델이 되는 인물을 직접 보았는지 텔레비전에서 보았는지는 중요하지가 않다. 마음에 드는, 강한 캐릭터의 인물은 특히 자주 모방의 대상이 된다. 엄청난 양의 연구들이 미디어 속의 폭력과 시청자의 공격성 및 범죄행위 사이에 뚜렷한 연관성이 있음을 증명하고 있다. 한 사람이 범죄자가 될 확률은 그 사람이 어렸을 때 텔레비전에서 얼마나 많은 폭력적 장면을 보았는가에 달려있다는 연구결과도 있다. 이것에 인과관계가 있는지 아니면 상호연관성만이 있는 것인지는 아직 모른다. 공격적 성향의 아이가 공격적이지 않은 아이보다 공격적인 장면이 나오는 드라마를 더 즐겨볼 수도 있기 때문이다.

폭력의 카타르시스 효과?

증기를 분출시키면 압력이 낮아지는 것처럼 공격적 행동에 의해 공격성은 감소되는가? 충동 이론이라면 긍정적으로 대답할 것이다. 충동 이론은 끓고 있는 냄비를 떠올리면 쉽게 이해할 수 있다. 충동

텔레비전과 폭력

특히 어린이들에게 텔레비전이 어떻게 공격성을 조장하는가?
연구결과를 요약하면 이렇다.

- 폭력적인 장면은 모방에 의해 공격적 행동을 가르친다.
- 폭력적인 장면은 감정적 흥분을 고조시킨다.
- 폭력적인 장면은 폭력에 무감각하게 만든다. 폭력이 '정상적'인 것으로 된다.
- 폭력적인 장면은 공격성에 대한 억제력을 떨어뜨린다.
- 폭력적인 장면은 폭력만이 갈등해결의 유일한 수단이라는 것을 암시한다.

(공격성)이 점차 증가한다. 그리하여 충동을 내
보낸다. 다시 평화롭고 느긋한 상태가 회복된
다. 이 이론에 따르면, 공격적 행동을 한 동물
과 사람은 전보다 평화로워져야 한다. 그러나
실제 연구들은 이 가설을 뒷받침하지 않는다.
공격적인 아이들은 공격적 행위를 한 후에 이

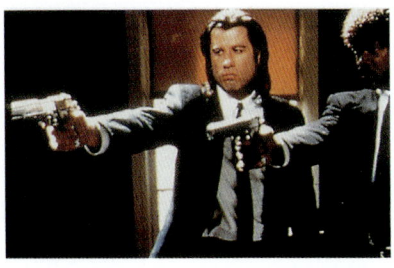

미디어 속의 폭력은 폭력을
조장하는가? 많은 연구들이
그것이 사실임을 증명해 주고
있다.

전과 같이 공격적이었거나 아니면 더 공격적이 되었다. 어른을 대상
으로 한 실험도 비슷한 결과를 보였다. 분노는 공격성을 상승시킨
다. 공격성은 공격성을 낳는다. 폭력적인 사람은 대체로 상대를 주
먹으로 쳐서 상대가 쓰러지면 폭력적 행동을 멈추는 것이 아니라,
오히려 무방비로 누워있는 사람에게 더 폭력을 가한다.

유전과 학습: 행동연구

콘라드 로렌츠(Konrad Lorenz)나 니콜라스 틴베르겐(Nikolaas Tinbe
rgen) 같은 행동 연구학자들은 실험을 통해 어떠한 행동이 선천적으
로 타고난 것이고 어떠한 행동이 후천적으로 학습된 것인가를 알아
내려 했다. 유전적 행동과 학습된 행동의 결합은 다음의 실험에서
아주 잘 드러난다. 어른 족제비와 분리시켜 기른 어린 족제비 앞에
살아있는 쥐를 놓아주면, 쥐에게 달려들어 쥐를 죽이려 하지만 어

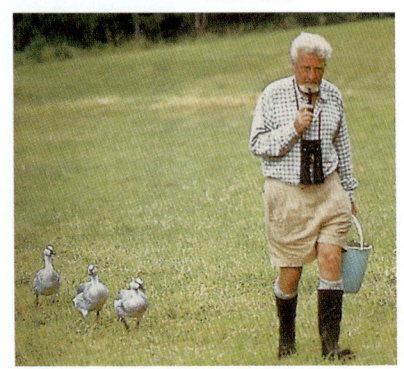

행동연구학자
콘라드 로렌츠(1903~89)는
오리를 가지고 유명한
실험을 하였다.

떻게 해야 하는지를 몰라 매우 서툴게 행동한
다. 어미와 함께 자란 족제비는 능숙하게 쥐를
물어 죽인다. 어미에게서 배웠기 때문이다. 이
것으로 볼 때 사냥 본능은 타고난 것이지만,
사냥물을 죽이는 방법은 배워야 하는 것이다.
　동물실험의 결과를 그대로 인간에게 적용
시키는 것은 문제가 있다. 그 때문에 행동 연
구학자들은 문화 비교라는 방법을 이용한다.

다양한 모든 문화에서 동일하게 나타나는 행동은 유전적으로 타고 나는 것이기 쉽다. 가령 웃음이 타고나는 것이라면 세계 어느 곳에 서도 아이가 태어나면 웃게 될 것이다.

평화로운 야생의 세계란 동화

공격성은 충동이 아니라 학습되는 것이고 따라서 학습을 통해 없앨 수 있는 것이라는 희망을 사실로 확인하기 위해, 열광적으로 원시 부족에 대한 연구들이 이루어졌다. '지구상 어딘가의 복 받은 곳에 (……) 강요와 공격성을 모른 채 온순한 삶을 살아가는 부족이 있다 고 합니다.' 라는 편지를 1932년에 프로이트는 아인슈타인에게 썼 다. 프로이트의 편지는 이렇게 계속된다. '제겐 그것이 잘 믿겨지지 가 않습니다. 하지만 저는 정말 그 복 받은 사람들을 만나보고 싶습 니다.' 그가 진정으로 알기를 원하고 그럴 기회가 충분히 주어진다 면 누구에게도 해를 끼치지 않는 평화로운 원시부족을 발견할 수 있 으리라는 것이다. 그 사이 평화를 사랑하는 원시부족이라는 것은 전설로 드러났다. 어떤 부족은 좀 더, 어떤 부족은 좀 덜 공격적일 뿐이다. 차이라면 공격성을 표현하는 방법에 있다. 공격적 행동에

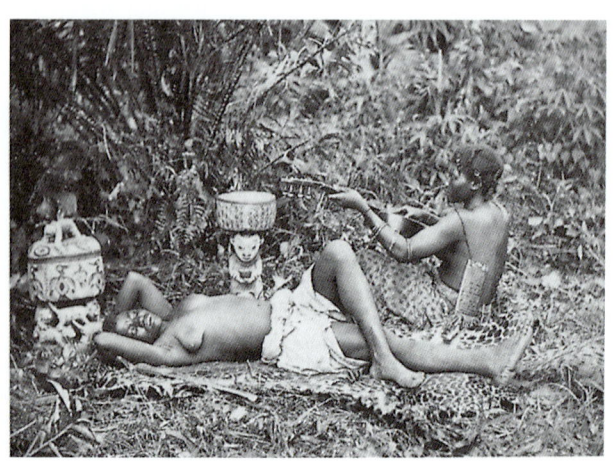

평화로운 야생의 세계.
20세기 초의 유럽 사람들이
상상한 원시부족의 삶은 이런
것이었다.

대한 기질은 보편적인 것이지만, 공격적 행동을 촉발시키는 요인과 공격적 행동의 형식은 다양하다.

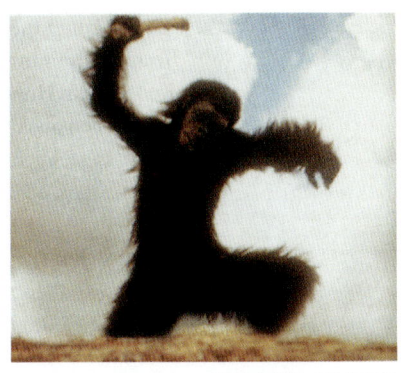

평화로운 동물들이라는 동화

행동 연구학자들은 자연적인 환경에서의 공격성에 관해서도 연구했다. '인간과 동물은 모두 원래 공격적이다. 그러나 인간보다 동물이 공격성을 더 잘 통제한다.' 는 것이 그들의 중심적 논지였다.

〈2001 스페이스 오디세이〉에서 스탠리 큐브릭은 동족에 대한 폭력을 원숭이와 구별되는 인간의 특징으로 묘사했다. 이것이 잘못된 것임을 지금 우리는 알고 있다. 침팬지들에게도 동족 살해는 있다.

포식동물은 다른 종의 동물을 잡아먹는다. 동물들은 같은 종 안에서도 주로 먹이, 암컷, 부화 장소를 얻으려고, 그리고 새끼들을 보호하려고 싸운다. 같은 종끼리의 싸움은 무엇보다 두 가지 기능이 있다. 구역의 분할과 종의 유지이다. 암컷을 둘러싼 싸움에서 이긴 가장 강한 수컷만이 자손을 번식시키게 되는 것이다.

동물에게 공격성은 아무 문제가 되지 않는다고 콘라드 로렌츠는 주장한다. 공격성 억제능력이 동물들에게 있기 때문이라는 것이다. 상대방을 죽이지 않는, 의식(儀式)화된 싸움을 여러 종에서 찾아볼 수 있다. 늑대끼리의 싸움에서 한 늑대가 상대 늑대의 목을 물면 싸움은 끝나고 승자가 정해진다. 그때 늑대들은 이빨이 상대의 피하조직에까지 박힐 정도로는 물지 않는다.

인간의 경우에는 그렇지가 않다. 인간들은 맨손으로 싸우는 것이 아니라 도구를 사용하기 때문일 것이라고 행동 연구학자들은 추측한다. 아마도 인간에게도 있으리라고 생각되는 살상 억제력은 행위의 거리가 늘어나고 기술이 개입되면서 약해지는 것으로 보인다. 폭격기의 조종사는 단추를 한 번 누름으로써 수백, 아니 수천 명까지 죽일 수 있다. 그러나 자신의 손으로 직접 목을 조르거나 칼로 찔러 백 명의 사람을 죽일 수 있는 사람은 없다.

'선천적인가 배운 것인가?' 라는 이데올로기적 논쟁을 떠나 공격성을 조장하고
고조시키는 데 일조하는 요인들이 인간과 동물에게 존재하는 것은 분명한 듯하다

• **많은 종에 있어 공격성을 조장하는 요소**

군집-공격적 행동은 전염성이 있다.

영역의 과밀화.

우리 속에 갇힘.

• **공격성을 억제하는 요소**

거리. 자연은 거리를 유지하는 데 도움이 되도록 배려해 놓았다. 그것은 바로
소리와 냄새이다. 소리와 냄새는 인간과 동물에게 일정한 거리를 유지하게 해
준다.

공격성과 어울릴 수 없는 행동방식. 가령 원숭이들의 이 잡아주기.

공격성에 한계를 지어주는 가장 중요한 요인은 아마도 상호 신뢰일 것이다. 동물
의 많은 의식(儀式)적 행동은 상호 신뢰 쌓기에 기여한다. 킁킁거리며 냄새를 맡고
인사를 주고받고 서로 만지는 것이 그러한 행동이다. 사람들 사이에서도 친구가
되기 위해서는 악수와 같은 의식을 필요로 한다.

동물의 공격성에 대한 로렌츠의 가정은 경험적 데이터와 일치하
지 않는다. 가령 모든 동물이 살상 억제력을 가지고 태어나는 것은
아니다. 침팬지들도 전쟁을 한다. 탄자니아에서 촬영된 다큐멘터리
에서 침팬지들은 자신들의 영역을 침범한 한 침팬지를 인간의 경우
에서처럼 잔인하게 죽여버린다. 무리 중 한 놈이 침입자의 두 팔을
잡고 또 한 놈은 두 다리를 잡고 있으면 또 다른 한 놈이 죽을 때까
지 침입자를 때린다. 또 다른 경우에서는 두 마리의 침팬지가 침입
자를 죽을 때까지 바위 위로 끌고 다녔다. 70년대에 관찰된 침팬지
사이의 또 다른 영역투쟁에서 15마리로 이루어진 종족이 근처의 한
소수 종족을 없애버렸다. 그때 그 종족은 반대 종족의 수컷들을 하
나하나 죽여 나갔다.

먹는 게 우선이다 : 매슬로우의 욕구 피라미드

지금 행동하듯이 인간을 그렇게 행동하도록 만드는 것은 진정 무엇인가? 전해지는 이야기에 의하면 어느 비 내리는 일요일 오후에 미국의 심리학자 에이브러햄 매슬로우(Abraham Maslow)는 그 생각에 골똘히 잠겨있었다. 그러다 갑자기 인간행동의 동기와 감정, 충동과 소망, 욕구와 열망을 계층적으로 나타내주는 피라미드를 생각해 냈다.

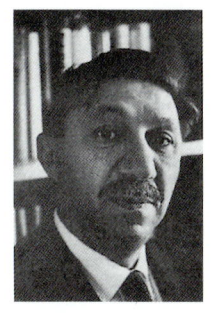

미국의 심리학자 에이브러햄 매슬로우(1908~70)는 인간학적 심리학의 창시자 중 한 사람으로, 인간의 욕구는 계층적으로 구분되어 있다는 견해를 보였다. 인간은 기본욕구가 만족된 후에야 비로소 상위의 욕구에 관심을 둘 수 있다는 것이다.

매슬로우에 따르면 하위의 기본욕구가 어느 정도 충족된 후에야 상위의 욕구가 생겨난다. 배가 고프면, 근사한 곳에서 식사를 하고 싶다는 생각은 사라진다. 베르톨트 브레히트(Bertolt Brecht)는 그것을 이렇게 요약적으로 표현했다. '……먹는 게 우선이다. 도덕은 그 다음이다.'

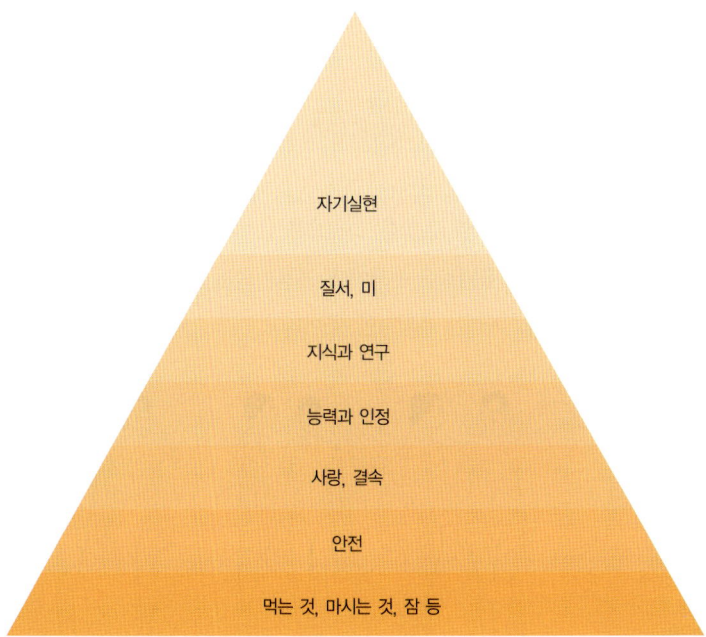

자기실현

질서, 미

지식과 연구

능력과 인정

사랑, 결속

안전

먹는 것, 마시는 것, 잠 등

성격이란 무엇인가?

성격의 기본형은 어느 정도 타고 난다. 갓 태어난 아기들도 성격이 있다. 기질, 집중력, 적응력, 기본 정서에 있어 아기들은 서로 다르다. 조용한 아기가 있고 활발한 아기가 있다. 애교를 떠는 아기가 있고 반항적인 아기가 있다. 어떤 장기 관찰연구에서 성격적 특징은 20년 동안 거의 일정하게 유지되는 것을 확인할 수 있었다.

성격은 문화적 환경의 영향을 받는다. 독일 사람들도 아주 다양하다. 프랑스 사람들이나 이탈리아 사람들, 영국 사람들도 마찬가지이다. 그래도 독일인들은 '전형적인 독일인'이라는 표현이 무슨 뜻인지를 안다. 그런데 모든 문화에서 동일하게 사람의 성격을 규정하는 요소가 있다. 성별이 바로 그것이다. 무엇이 여성적인 것이고 무엇이 남성적인 것인가는 문화마다 아주 다를 수 있다. 그러나 모든 문화에는 여성적인 것과 남성적인 것에 대한 구별이 있다.

체형과 성격

사람이 내향적인지 외향적인지, 소심한지 과감한지는 보는 것만으로 금방 알 수는 없다. 그러나 그 사람이 여자인지 남자인지는 몸을 보면 확연히 알 수 있다. 그러므로 성격과 몸 사이에 어떠한 관계가 있는가는 흥미로운 문제이다. 프로이트는 그것을 한마디로 이렇게 말했다. '자아는 육체적인 것'이라고.

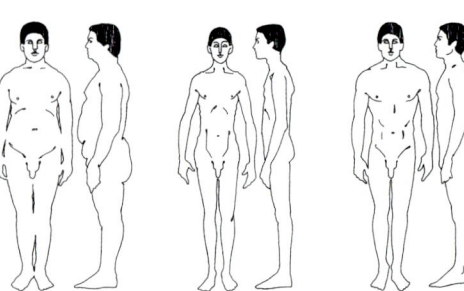

에른스트 크레치머는 인간을 체형에 따라 내배엽형, 외배엽형, 중배엽형으로 구분했다.

최초의 성격 이론은 사람을 체형에 따라 분류하고, 그 체형과 성격을 연관시키는 방법을 사용했다. 심리분석가인 에른스트 크레치머(Ernst Kretschmer, 1888–1964)는 인간을 뚱뚱한 사람, 마른 사람, 중간인 사람으로 구분하고, 뚱뚱한 사람은 원만하고, 마른 사람은 깐깐하며, 중간인 사람은 그 중간이라고 주장했다. 그 이론에서 만약 과학적인 것이 있다면 분류를 한다는 것과 어려운 용어를 사용한다는 것 정도이다. 크레치머에 따르면 키가 작고 땅딸막한 사람은 '내배엽형'이고 이런 사람들은 사람들과 어울리기를 좋아하고 원만하며 편안하다. 키가 크고 마른 사람은 '외배엽형'이고 이런 사람들은 소심하고 절제가 있으며 혼자 있기를 좋아한다. 중간인 사람은 '중배엽형'이고 이런 사람은 근육이 잘 발달되어 있고 목소리가 크고 활동적이며 다혈질이다.

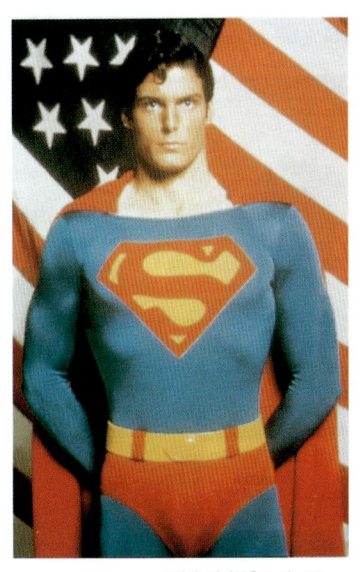

슈퍼맨. 사람들은 그가 모든 것을 할 수 있다고 믿는다. 체형과 외모는 한 사람이 무엇을 할 수 있는지, 다른 사람들이 그 사람을 어떻게 대하는지에 영향을 준다.

그 이론을 과학적으로 검증해 보면 육체와 성격 사이의 상호 연관성에 대한 믿을 만한 근거를 전혀 보여주지 못하고 있다. 그러한 분류는 쓸모가 없다. 그러나 육체와 성격 사이에 아무런 연관이 없다는 뜻은 결코 아니다. 육체와 성격 사이의 관계는 크레치머와는 다른 방법으로 설명되어야 한다. 체형과 외모는 한 사람이 무엇을 할 수 있는가, 또 다른 사람들이 그 사람을 어떻게 대하는가에 대해 중요한 역할을 한다. 키가 작고 뚱뚱한 여자가 발레의 무용수나 패션모델로 성공하기는 어렵다. 그렇다면 이러한 조건이 어떤 식으로든 그 여자의 성격에 영향을 미칠 것이다. 2미터의 키를 가진 단단한 근육의 남자가 경마의 기수가 되기는 어렵다. 그리고 그것은 그의 성격에 영향을 줄 것이다. 힘이 센 사람은 힘쓰는 법을 배울 것이고, 약한 사람은 머리로 해결하는 법을 배울 것이다.

성격의 유형

다른 성격 이론들은 심리적 특징만을 다루고 있다. 스위스의 심리학자 칼 구스타프 융은 인간을 '외향적' 인간과 '내향적' 인간으로 구분했다. 내향적인 사람은 혼자 있는 것을 즐긴다. 스트레스가 쌓이거나 분쟁이 생기면 이런 사람은 사람을 만나기보다 물러나서 홀로 지낸다. 내향적인 사람은 수줍음이 많고 여럿이 팀을 이뤄 일하는 것보다는 혼자 일하는 것을 좋아한다. 이런 사람은 주목받는 것을 싫어하고, 과장되게 행동하지 않는다. 반대로 외향적인 사람은 시끌벅적한 것을 즐긴다. 어려운 일이 있으면 이런 사람은 누군가와 이야기를 해야 한다. 이 사람은 사람들과 어울리는 것을 좋아하고, 책상과 외근 중 선택을 할 수 있다면 책상은 기꺼이 내향적인 사람에게 넘겨주고 사람들을 만나러 나간다. 우리는 누구나 '전형적으로 외향적' 인 사람과 '전형적으로 내향적' 인 사람들을 알고 있다.

융의 이론이 가진 매력은 단순함에 있다. 융의 이론이 크레치머의 이론을 뛰어넘는 점은 인간을 세 가지로 분류하지 않고 두 가지로 분류했다는 것이다. 내향적인 사람과 외향적인 사람이 있는 것은 맞다. 그러나 그런 사람들은 많지 않다. 이전의 미국에서의 실험이 보여주듯이 대부분의 사람들은 중간의 어딘가에 속한다. 성격의 유형을 분류하는 성격 이론은 분류의 기준을 체형에 두건, 아니면 마음에 두건 동일한 어려움에 마주치게 된다. 즉 현실에서는 전형적인 경우를 찾아보기 힘들다는 것이다. 현실에 사는 사람들은 대개가 혼합형이다. 사람들은 다양한 스펙트럼의 성격을 지니고 있는 것이다.

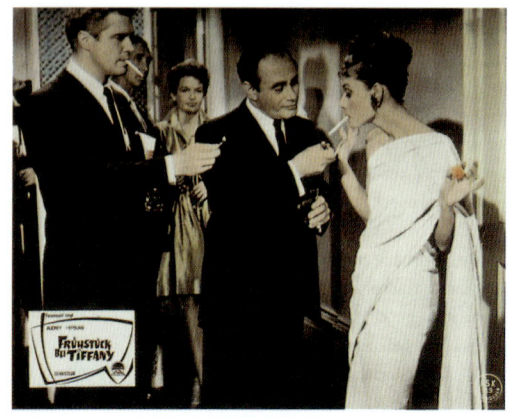

오드리 헵번은 〈티파니에서 아침을〉에서 외향적인 성격의 전형적인 여성 홀리 고라이틀리를 연기해 보여주었다.

성격의 측정

그 때문에 성격 연구는 지능, 감정의 안정성, 공격성 같은 특성의 설명에 관심을 집중한다. 한 사람이 가진 특성들에 점수를 매김으로써 그 사람의 성격을 설명하는 것이다. 그 사람이 얼마나 친절한지, 얼마나 조심스러운지, 얼마나 흥분을 잘 하는지, 얼마나 지성적인지, 얼마나 겁이 많은지에 따라 그 사람과 다른 사람을 구분할 수 있을 것이다. 달리 말하면, 기본적인 여러 특성의 측면에서 사람들을 비교하는 것이다.

한 사람의 성격을 기술하는 기본적인 성격적 특징들이 무엇인가? 요인분석을 통해 통계적으로 분류해 본 결과, 항상 짝으로 나타나는 특성들을 여럿 발견할 수 있었다. 여기에서 '빅5'라는 요인분석 모델이 생겨나게 되었다.

독일 출신의 영국 심리학자 한스 아이젱크(Hans Eysenck, 1916-97)는 통계학에 천재적 재능이 있었고, 사고의 날카로움을 잃지 않기 위해 한 방울의 술도 입에 대지 않았다. 그는 '내향적-외향적' 유형에 '안정-불안정'이란 유형적 특징을 결합시켰다. 그리고 여러 성격적 특징들을 이 네 가지 성격의 유형에 부속시켰다. 아이젱크의 분류에 따르면 안정적이고 내향적인 사람은 소극적이고, 조심성이 많고, 생각이 많고, 다툼을 싫어하고, 절제력이 있고, 신뢰할 수 있고, 원만하고, 조용하다. 반면에 불안정한 내향적 성격의 사람은 조용하지만 어울리지 않고, 물러서 있고, 비관적이고, 분별이 있고, 엄격하고, 겁이 많고, 변덕스럽다. 불안정한 외향적 사람은 민감하고, 차분하지 않고, 공격적이고, 흥분을 잘 하고,

빅5-다섯 가지 요인 모델

외향성	말이 많다 – 조용하다 개방적이다 – 닫혀있다 도전적이다 – 조심스럽다
사교성	원만하다 – 쉽게 흥분한다 화해를 잘 한다 – 고집이 세다 협조적이다 – 비협조적이다
성실성	질서정연하다 – 뒤죽박죽이다 책임감이 있다 – 신뢰할 수 없다 끝까지 견딘다 – 포기한다
감정적 안정성	편안하다 – 불안하다 집중력이 있다 – 산만하다 신경질적이지 않다 – 신경질적이다
문화	예술에 관심이 있다 – 관심이 없다 재치가 있다 – 지루한 타입이다 지적이다 – 지적이지 않다

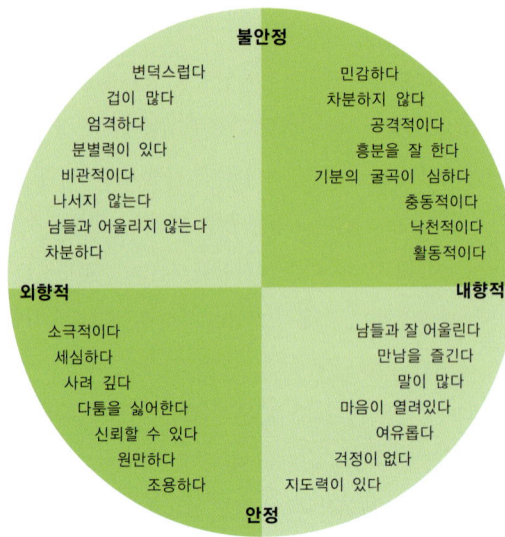

기분의 굴곡이 심하고, 충동적이고, 긍정적이고, 활동적이다. 사람들에게 가장 좋은 평가를 받는 사람은 안정된 외향적 성격을 가진 사람일 것이다. 안정된 외향적 성격의 사람은 타고난 지도자로 믿을 수 있고, 활발하고, 사교적이고, 주의력이 있고, 말을 잘 하고, 마음이 열려 있고, 어울리기를 좋아한다.

누군가 자신을 이 네 유형 중의 하나에 넣으려 할 경우에 처음에는 쉬운 듯이 보이지만, 다음 순간 망설이게 될 것이다. 자신이 조용하고 비관적이기는 하지만, 일을 할 때는 활발하고 믿을 수 있게 처리한다고 생각하기 때문이다. 또 다른 사람을 위해서는 사자처럼 싸우지만(안정된 외향적) 자신의 문제와 연관해서는 순한 양이 되는 (불안정한 내향적) 사람도 있을 수 있다.

이러한 성격 이론이 가장 많이 비판 받는 점이 바로 그것이다. 이 이론은 상황에 따라 한 사람이 다양한 성격적 특징을 보여줄 수 있다는 점을 별로 고려하지 않고 있다.

성격과 주위 환경

상황과 사람은 서로 영향을 주고받는다. 그러면서 그 사람의 주위 환경을 만들어나간다. 어떠한 사람에게 영향을 주는 그 사람의 주위 환경은 그 사람의 행동에 의해 만들어진다. 미국의 심리학자 스키너는 그 사실을 쥐 실험으로 보여주었다. 쥐는 바닥이 철사로 되어있는 상자에 놓여졌다. 철사 바닥은 전기가 통할 수 있게 되어있고 매 1분마다 바닥으로 전기가 흐른다. 쥐가 막대 스위치를 누르면 전기가 통하는 것이 30초 늦어지게 된다. 그것을 알아내어 시간에 맞게 스위치를 누른 쥐는 이런 방법으로 고통 없는 환경을 만들었다. 사람도 캠핑장이나 공중목욕탕에서 이와 비슷한 일을 겪는다. 샤워기의 더운물은 스위치를 누른 지 1분 후에 끊어지게 되어있다. 물이 끊기는 시간에 맞춰 스위치를 누르는 사람은 계속 따뜻하고 안락한 환경을 얻게 된다. 사회적 행동의 영역에서 사람과 상황 사이의 상호작용은 이미 오래 전에 알려졌다. 심리학은 전혀 모르는 젖먹이도 부모에게 웃음을 보여줌으로써 자신의 환경을 밝고 안전하게 만든다. 무슨 이유 때문에 화가 나있던 부모들도 아이의 웃음을 보는 순간 모든 것을 잊고 황홀한 웃음에 빠져들게 되는 것이다.

학습 이론에 따르면 인간은 자신에게 유리한 환경을 만듦으로써 자신의 운명의 재단사가 된다. 행동주의 심리학에는 독자적인 성격 이론이 없다. 다만 행동에 영향을 주는 여러 다른 성격을 연구할 뿐이다. 행동주의 심리학은 철저하게 이성적인 영역에 머무른다. 그 정반대의 방향에 서 있는 것이 무의식을 말하는 정신분석학이다.

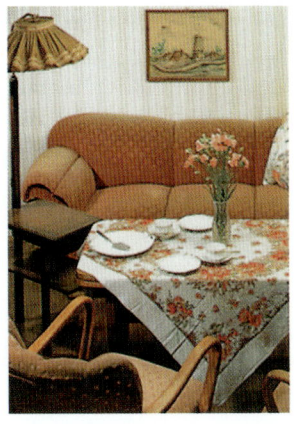

누구나 주위에 자신이 필요로 하는 환경을 조성한다.

원초적 본능 : 정신분석학의 성격 이론

정신분석에서는 성격의 유형이나 성격적 특징들, 상황에 대한 반응 (학습 이론)에 관심을 두지 않고 행동을 조종하는 무의식적 동기에 관심을 둔다. 프로이트 자신도 고백하고 있다시피 이성적인 사람에게는 이것이 부당하게 느껴질지도 모른다. 프로이트는 자신을 케플러(Johannes Kepler, 1571~1630)나 다윈에 비교하면서 인류에게 세번째 큰 질병을 안겨주었다고 하였다. 케플러는 우주의 중심이 지구가 아니라 태양이라는 것을 밝혀냈었고, 다윈은 인간이 신에 의해 창조된 것이 아니라 원숭이에서 진화했다는 것을 발견해냈는데, 인간은 자기 자신의 주인이 아니라는 것을 프로이트 자신이 선언하였다는 것이다. 인간 자신도 모르는 힘이 인간을 조종한다고 프로이트는 말한다.

빙산인간

프로이트는 자신의 이론을 설명하기 위해 빙산을 예로 들었다. 의식은 빙산의 윗부분이고 무의식은 수면 아래 더 크게 숨어있는 아랫부분이라는 것이다. 무의식에는 충동, 욕망, 억압된 기억들이 들어있고 이것들이 사고와 행동에 영향을 미친다. 프로이트는 성격의 무의식적 부분을 탐구하려 했다. 그의 연구는 실험실에서 우리 속의 쥐를 실험하는 방법이 아니라, 거실 소파에 편히 누운 사람을 상대로 진행되었다. 몇 년 동안의 실험을 거쳐 확립된 그의 연구방법은 당시의 과학적 기준에서 볼 때 전혀 과학적이지 않은 것이었다. 그의 연구방법이란 바로 '자유연상'이었다. 환자(혹은 실험 대상자)는 머리에 떠오르는 모든 것을 말해야 한다. 그 생각들이 전혀 아무런 중요성이 없고 외설적이고 우스꽝스러운 것이라고 해도 말이다. 꿈이나 어릴 때의 기억을 포함하는, 검열되지 않은 이러한 생각을 분석함으로서 무의식의 충동과 활동을 의식으로 끌어올릴 수 있다고

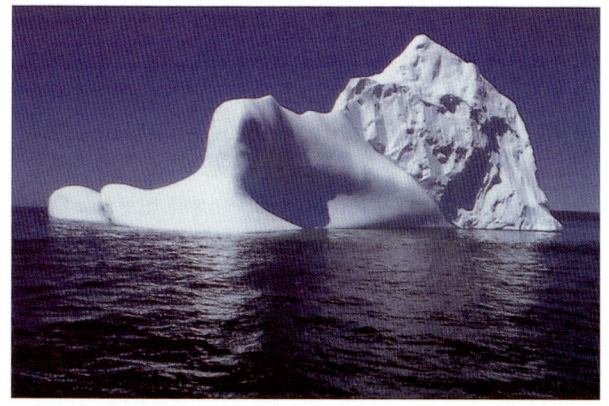

프로이트는 인간의 정신을 빙산에 비유했다. 빙산의 극히 일부가 물 위로 솟아있고 나머지 10분의 9가 물속에 잠겨있듯이, 인간의 의식은 극히 일부분이고 전의식과 무의식이 커다란 부분을 차지한다는 것이다.

프로이트는 믿었다.

　우리는 여기서 24권의 전집에 담겨있는, 50년에 걸친 프로이트의 심리연구의 중요한 개념을 극히 축약된 형태로 살펴볼 수밖에 없다. 성격에 대한 프로이트의 이론의 중심 요소들은 성격의 구조, 방어기제, 성격의 발전이다. 성격의 구조를 살펴보기 위해서는 이 장의 출발점이었던 육체로 다시 돌아가지 않으면 안 된다.

마음의 세 층위 : 성격의 구조

인간의 성격은 세 가지 요소로 되어 있다. 각 요소는 자신의 고유한 영역에서 활동한다. 원본능(原本能)은 무의식에, 자아는 전의식(前意識)에, 초자아는 의식에 각각 자리 잡고 있다.

원본능

원본능은 성격의 원초적 부분으로 모든 삶이 이곳으로부터 나오고, 출생 후에 자아와 초자아도 이곳으로부터 발전해 나간다. 원본능에 있는 모든 것은 유전된 것이다. 여기에는 충동도 포함되는데, 무엇보다 중요한 충동은 섹스와 공격성이다. 프로이트가 리비도라고 부르는 에너지는 원본능에서 나온다. 이 에너지는 자아와 초자아에도 공급된다. 원본능은 내적, 외적 자극을 통해 끊임없이 에너지를 생산한다. 이 에너지는 긴장과 불쾌감을 불러일으킨다. 따라서 어딘가로 배출되지 않으면 안 된다. 에너지가 배출되면 고요한 상태가 회복된다. 원본능은 기분에 맞는 것을 좋아하고 불쾌한 것을 싫어한다. 원본능은 철저하게 '쾌락의 원칙'을 따른다. 고통이나 재미없는 것은 피하고 재미있는 것을 찾는다.

긴장을 완화시키고 쾌락을 얻는 가장 쉬운 방법은 머릿속으로 원하는 것을 상상하는 것이다. 배가 고픈 사람은 푸짐한 한 상의 음식을 떠올리고, 목이 마른 사람은 시원한 맥주를 상상한다. 이와 같은 것은 상상에 의한 소원 충족이다. 프로이트에 의하면 꿈은 소원 충족의 원칙에 따라 형태가 만들어진다. 꿈에는 원본능이 원하는 것들이 암호화되어 담겨있다. 정신병 환자의 환상도 암호화된 소원이라고 프로이트는 생각했다. 이러한 방식의 소원 충족은 현실을 알려고 하지 않기 때문에 '원초적 사고'라고 프로이트는 불렀다. 프로이트의 주장이 황당하게 들릴지도 모르겠다. 그럼에도 불구하고 프로이트의 이런 생각은 정신병을 앓지 않는 사람들로부터도 열렬한 반응을 불러일으켰다. 노먼 빈센트 필(Norman Vincent Peale, 1898-1993)의 베스트셀러 『적극적 사고의 힘』도 원초적 사고의 응용에 기초를 두고 있다. 소원하는 것이 이루어질 것이라고 굳게 믿으면 실제로 그것이 이루어진다는 것이다. 스포츠 심리학에서도 상상력을 통해 목표를 달성하는 방법을 다룬다. 농구선수나 스키점프 선수는 마음속으로 자신이 던질 슛이나 자신이

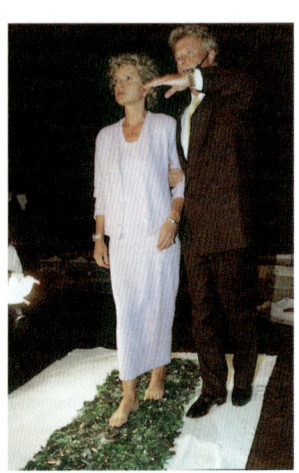

긍정적 사고나 상상은 원본능에 영향을 끼칠 수 있다. 쉽게 고통을 이겨내기 위해 이러한 방법이 사용되기도 한다.

뛸 점프를 상상한다. 상상력은 암 환자의 치료에서도 이용된다. 상
상력을 이용하는 이러한 방법들은 어느 정도 효과가 있다는 것이 증
명되었다. (건강한) 꿈과 (병적인) 환상의 차이는, 꿈을 꾸는 사람은
꿈과 현실을 구분할 수 있는 반면 정신병을 앓고 있는 사람은 환상
과 현실을 혼동한다는 데 있다. 정신병 환자는 깨지 못하는 꿈을 꾸
고 있는 셈이다.

자아

상상한 것은 먹을 수가 없다. 이것이 현실의 원칙에 따라 작동하는
자아의 깨달음이다. 소원을 현실과 비교하고 소원의 충족이 현실적
으로 가능할 때까지 소원을 충족되지 않은 상태로 간직하고 그로부
터 생기는 긴장을 견디는 것이 자아가 하는 일이다. 현실에서 소원
충족의 가능성을 찾고, 그 가능성을 발견하고, 그 가능성을 만들어
내는 사고를 프로이트는 '2차적 사고' 라고 불렀다. 가령 성적 소원
은 적당한 기회가 올 때까지 충족되지 않은 채로 남아있어야 한다.
여기서 오는 정신적 긴장은 자아가 감당해야 할 몫이다. 자아는 성
격의 '실행자' 이다. 자아는 주어진 상황에서 목적을 성취하려면 무
엇을 하는 것이 적절한지, 원본능의 어떤 충동을 충족시켜야 하는
지, 어떠한 방법으로 그것이 가능한지를 판단한다. 자아에게는 또
다른 임무가 있다. 자아는 유엔의 안전보장이사회처럼 원본능과 초
자아를 외교적으로 중재하기 위해 끊임없이 협상을 해야 하다.

초자아

초자아에는 부모, 선생님, 우상에 의해 교육된 사회의 모든 도덕적
가치, 율법, 금기가 들어있다. 초자아는 선과 악을 가리는 내적 심판
관이다. 원본능은 쾌락을 원하고, 자아는 무엇이 가능한가를 살펴
보고, 초자아는 무엇이 옳은가를 따진다. 초자아는 기준과 이상을

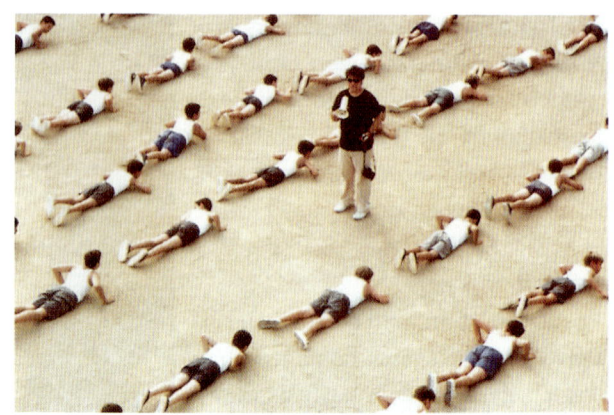

초자아는 선과 악을 판별하는
내적 심판관이다. 필요한 경우,
초자아는 처벌을 내린다.
죄책감, 수치심, 양심의 가책이
바로 그것이다.

제시한다. 우리는 흔히 자기의 이상에 대해 말한다. 자기의 이상(가령 이상적 체중)에 도달하지 못했을 경우, 초자아는 처벌(가령 다이어트)을 발한다. 죄책감, 수치감, 양심의 가책도 초자아의 처벌에 포함될 수 있다. 다이어트는 이러한 감정을 완화시키는 데 기여할 수 있다. 이러한 방법으로 처벌과 대가의 지불이 일치하게 된다. 반대로 자기의 이상이 달성되면 자랑스러운 기분이 든다. 초자아는 이때 상(가령 케이크)을 내리기도 한다. 자기의 이상은 통제를 벗어나 너무 높아질 수도 있다(완벽주의). 자기의 이상이 너무 높게 책정되어 그것을 달성하지 못하게 될 경우, 초자아는 점점 더 엄격해지고 더 많은 벌을 내리게 된다. 이럴 경우 자칫하면 성격 스스로 자신의 성격 구조에 희생되어 망가지게 될 수도 있다. 이것은 마치 자신의 내부에서 초자아와 자신의 이상이 마피아를 결성한 셈이다. 더 많은 것을 요구하고 요구한 것만큼 주지 않으면 그것에 해당하는 만큼 처벌을 가하는 것이다. 이러한 상태는 과로, 초조감, 탈진, 번아웃, 자신에 대한 과도한 기대, 열등감, 뭔지 모를 불안감을 낳을 수 있다. 이 경우에는 자아가 원본능과 결탁을 맺고 마피아를 한계선 밖으로 몰아내든지, 아니면 원군을 청하는 것이 좋다. 가령 이성적인 친구는 좋은 원군이 될 수 있다.

초자아는 교육의 영향을 강하게 받는다. 아이들이 부모를 성격 안에 받아들이게 되면 부모가 없을 때에도 부모가 바라는 대로 행동한다.

이상적인 경우는 원본능과 자아, 초자아가 창조적이고 협동적인 팀을 이루는 것이다. 그러나 현실에서는 대개 기분과 필요에 따라 협정을 맺게 된다. 또 최악의 경우에는 원본능과 자아, 초자아가 따로 놀면서 스스로 자신을 망가뜨리게 된다.

방어기제

프로이트는 이유 없이 공포와 압박감에 시달리는 환자를 치료한 적이 있다. 이 증상들이 어떤 의미를 가지고 있는가에 프로이트는 의문을 가졌다. 내적 논리가 이런 비합리적 행동을 규정할 수는 없는 것일까? 여러 해 동안 프로이트는 이런저런 결론을 생각해냈지만 그가 내린 결론들이 맞지 않다는 것을 인정해야만 했다. 그러다가 결국 그 증상들의 논리에서 한 특징을 발견할 수 있었다. 그 증상들은 원본능의 (무엇보다도 공격적, 성적) 충동과 자아의 명령, 초자아의 금지 사이의 타협의 결과였다. 이러한 충동을 자유롭게 발산하는 것이 문화와 초자아(머릿속의 문화)에 의해 금지되었기 때문에 이 충동들은 다른 방식으로 발산되어야 했다. 금지된 것을 할 때는 두려움이 생긴다. 금지된 것을 몰래 하거나 다른 것으로 가장하여 행하면 두려움은 줄어들 수 있다. 가령 격투기 같은 스포츠에서는 공

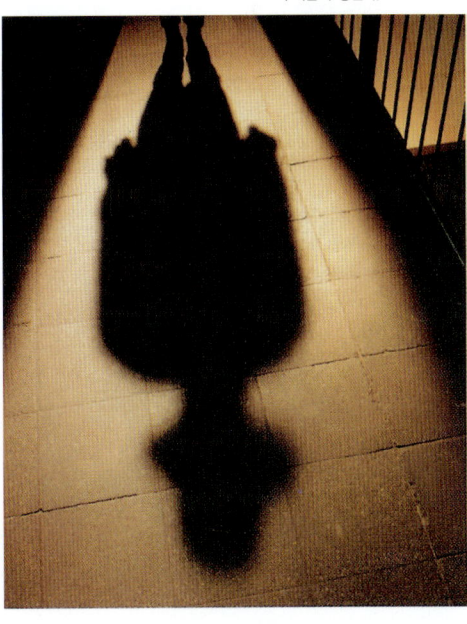

뭔가 금지된 것을 하면 두려움이 생긴다.

격성이 허용될 뿐만 아니라 오히려 필요하다.

원본능의 충동과 초자아의 제재 사이의 갈등을 해결하는 또 다른 방법은 이 갈등을 (의식의) 수면 밑으로 감추는 것이다. '내가 모르는 것은 나를 안달 나게 하지 않는다' 고 하는 셈이다. 공격적이거나 성적인 충동은 쫓겨나게 된다. 금지된 충동을 쫓아내는 교묘한 방법을 분석심리학에서는 방어기제라고 부른다. 여기서 방어되는 것은 금지와 처벌에 대한 두려움이다. 충동을 완벽하게 몰아낼 수는 없다. 그러므로 두려움이 줄어들기는 하지만 아주 없어지지는 않는다. 두려움은 문명의 대가라고 프로이트는 말한다. 모든 것을 허용하는 문명은 혼란에 빠지게 된다는 것이다.

방어기제는 프로이트의 신경증 이론과 정신병 이론에 있어서 핵심적 위치를 차지한다. 우리는 앞으로 정신병과 치료를 다루면서 이 문제를 좀 더 깊이 있게 논의하게 될 것이다(148쪽 이하).

성격의 발달

성은 사춘기에서 시작되는 것이 아니라 태어남과 함께 시작된다고 프로이트는 주장했다. 아이들은 삶을 시작하는 순간부터 쾌락을 추구하는 존재라는 것이다. 성인들은 성교만을 성적 쾌락의 형태라고

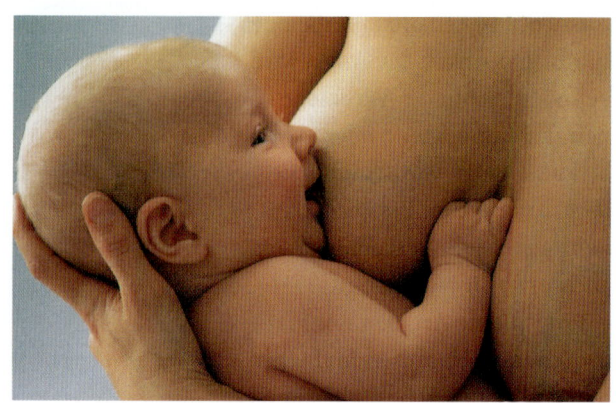

프로이트에 따르면
성격발달의 첫
단계는 구강단계이다.

생각하지만, 아기들은 다양한 형태의 성적 쾌락을 즐긴다. 심리-성적 발달단계에 대한 프로이트의 생각은 성격과 육체, 성은 함께 작용하며 발전한다는 그의 기본적 생각에서 나온 것이다.

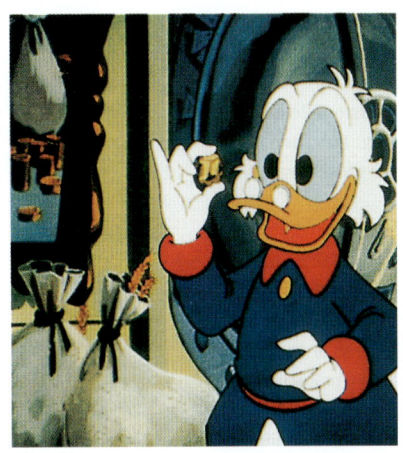

생후 1년 동안 젖먹이의 첫 경험은 이름 그대로 엄마의 젖을 빠는 것이다. 엄마의 젖이 없으면 젖병이나 손가락을 빤다. 쾌락의 원천은 젖과 입의 결합, 빨기, 품에 안기기이다. 이 때문에 이 단계는 '구강단계'로 불린다.

성격발달이 항문단계에 머무르면 그 사람은 통제, 청결, 권력, 돈, 절약, 질서를 가지려 한다. 프로이트의 이론으로 보자면 아마도 스크루지 영감은 항문적 성격의 대표적인 예가 될 것이다.

생후 2년에 구강단계는 '항문단계'로 옮겨간다. 이 시기에 쾌락은 항문에 집중된다. 아이가 똥을 누면 부모들은 아이가 돈이나 황금이라도 선물해준 양 큰소리로 아이를 칭찬한다. 똥을 뱃속에 지니고 있는 것도 쾌락을 준다. 첫 번째 권력-쾌락의 경험은 아마도 부모(요즘 같은 경우에는 주로 할머니, 할아버지)가 원하는 때가 아닌, 아이가 원하는 때에 요강을 채우거나 기저귀를 버림으로서 부모를 화나게 하는 것일 것이다.

세 번째 단계인 '남근단계'는 생후 4-5년에 경험하게 되는데, 이 시기에 아이들은 성기에서 쾌락을 얻는다. 아이들은 금지되거나 다른 것으로 관심이 돌려지지 않는 한, 성기를 가지고 논다. 그리고 다른 성별에 관심을 갖게 되고, 성별 사이의 육체적 차이에도 관심을 갖게 된다.

남근단계와 생식단계 사이에 '잠재기'가 있다. 이 시기에는 몸에 대한 관심이 일시적으로 사라지면서 주위 환경에 대한 관심이 커지고 주위 환경의 극복과 정복에 관심이 집중된다.

사춘기와 함께 '생식단계'가 시작된다. 이 단계에서는 생식의 기능을 동반한, 성교 중심의 '성숙한' 성생활이 전개된다.

프로이트의 심리-성적 발달단계

단 계	나 이	성감대	주요 발달과제
구 강	0~1	입	젖떼기
항 문	2~3	항문	똥오줌 가리기
남 근	4~5	성기	오이디푸스 갈등
잠재기	6~12	–	방어기제
생 식	13~18	생식기	성숙한 성적 관계

크레치머가 체형과 성격적 특징들을 연결시켰듯이, 프로이트도 성격적 특징들과 심리-성적 발달단계를 연결시키려 한다. 심리-성적 발달이 특정한 단계에 고정될 수도 있다고 프로이트는 생각했다. 가령 구강단계에 고정된 사람은 '구강적' 성격을 나타낸다. 이런 사람은 먹고 마시고 담배를 피우는 것과 같이 입을 통한 쾌락에 약하다. 그리고 젖먹이처럼 엄마의 보살핌을 받는 것을 즐긴다. 구강적 성격의 사람은 종속되려는 욕구와 보살핌을 받으려는 욕구가 강하다. '항문적' 성격의 사람은 통제, 청결, 권력, 돈, 절약, 질서에 쾌락을 느낀다.

신체의 한 부분과 쾌락의 민감성, 그리고 성격적 특징을 연결시키려는 프로이트의 생각은 허점이 너무 많다. 그러나 프로이트의 성격발달 이론은 부분적인 약점에도 불구하고 뛰어난 장점을 지니고 있다. 프로이트는 데카르트(René Descartes, 1596-1650) 이후 무너져 내린 육체와 정신 사이의 다리를 다시 놓으려 한다. 이 다리란 바로 성(性)이다. 실제로 성생활과 성적 욕망은 육체와 정신이 서로 격렬하게 대화하는, 그리고 서로 밀접하게 연결되어 있는 경험의 영역이다.

우리는 진정 누구인가? 섹스로부터 자신에게로

우리는 통계심리학과 성격 이론에서 주장하듯이 성격적 특징들의 총합인가? 아니면 학습 이론에서 말하듯이 우리가 처한 여러 상황에서 얻은 경험들, 그리고 우리의 행동을 규정하는 행동들의 총합인가? 아니면 충동이 자신을 어디로 끌고 갈 것인지도 알지 못하는 성에 미친 공격적인 빙산인가?

통계수치, 자극과 반응, 가설적인 충동에서 벗어나 인간이 스스로를 어떻게 생각하는가로 돌아가자고 일군의 미국 심리학자들이 주장했다. 자기-심리학을 주창한 심리학자들 중 중요한 세 사람의 이론을 여기서 알아보기로 한다. 한 사람은 이미 앞에서 언급한 바 있는 에이브러햄 매슬로우이다. 매슬로우는 계층적 욕구 피라미드를 만들어냈다. 우리가 살펴볼 또 한 사람은 칼 로저스(Carl Rogers)이다. 세 번째 인물은 자기-심리학과 분석심리학 사이에 다리를 놓으려 한 하인츠 코허트(Heinz Kohut, 1913-81)이다.

자기 실현가와 우상

자기-심리학자들은 (건강한) 자아를 실현시킨 (비교적) '건강한' (미국) 사람들을 대상으로 연구의 결과를 얻었다. 특히 에이브러햄 매슬로우는 미국의 자기 실현가들이 가진 성공의 비밀을 밝히려고 하였다. 매슬로우는 먼저 그가 자기 실현가라고 평가하는 유명한 역사적 인물들을 조사했다. 그들 중에는 스피노자, 토머스 제퍼슨, 에이브러햄 링컨, 알베르트 아인슈타인, 엘리노어 루즈벨트가 들어있었다.

매슬로우는 이후 자신이 자기 실현가라고 평가하는 학생들에게로 연구를 넓혀나갔다. 자기 실현가는 인구의 1%에 불과하고, 안정적이고 건강한 정신을 가지고 있었다. 이들은 어떤 신경증이나 정신병도 앓고 있지 않았으며(정신분석가에게는 이것 자체가 심

에이브러햄 매슬로우가 평가한 자기 실현가들의 특징들

- 현실에 대한 지각능력이 뛰어나고 불확실성을 견디어낼 수 있다.
- 자신과 타인들을 있는 그대로 받아들인다.
- 생각과 행동이 자발적이다.
- 자기 중심적이라기보다는 문제 중심적이다.
- 유머가 있다.
- 창조적이다.
- 사회의 동화 압력에도 불구하고 개성을 유지한다.
- 인류의 복지에 관심을 기울인다.
- 삶의 기본적 경험에 대해 깊은 존경심을 가지고 있다.
- 많은 사람들보다는 소수의 사람들과 깊고 만족스런 대인관계를 유지한다.
- 객관적 시각에서 삶을 평가할 수 있다.

자기-실현에 이르게 하는 행동

- 어린아이와 같이 완전한 집중력을 가지고 삶에 몰두한다.
- 확실하고 익숙한 것에 매달리기보다는 항상 새로운 것을 시도한다.
- 전통이나 다수의 의견에 의지하기보다는 자신의 느낌과 생각, 경험을 믿는다.
- 정직하다. 가식과 '술수'를 피한다.
- 책임감이 있다.
- 집중해서 목표 지향적으로 일한다.
- 자기 자신의 방어전술을 인식하고 그것을 버릴 용기가 있다.

각하게 고려해야 할 증상일 것이다), 주어진 조건과 재능에서 최선의 결과를 만들어냈다.

일치-경험

칼 로저스(Carl Rogers)는 자기-심리학과 대화 정신치료의 주창자 중한 사람이다. 그는 연구자인 동시에 심리치료사였다. 아마도 그의 성공의 비결은 아무도 변화시키려 하지 않고 그냥 그 사람 말을 들어주고, 그 사람의 마음으로 들어가 함께 느끼려고 했던 데 있지 않았나 추측된다. 그는 마치 공명체처럼 자신의 환자에게서 '넘어오는' 느낌을 말로 담아냈다.

로저스는 심리치료의 경험에서 모든 사람이 자신이 누구이고 무엇이 될 수 있는가에 대한 생각, 즉 자기 자신에 대한 생각을 가지고 있다는 결론에 도달했다. 모든 사람은 자기만의 '자기-개념'이 있다. 강한 자기-개념을 가지고 있는 사람은 약한 자기-개념을 가지고 있는 사람과 다르게 세상을 경험한다. 자기-개념은 외적 현실과 늘 일치하는 것은 아니다. 겉으로 볼 때 매우 성공적인 사람도 스스로는 실패자로 여기는 수도 있다.

로저스에 의하면 모든 사람은 자기-개념의 기준에 따라 자신을 평가한다. 인간은 스스로 생각하는 자신의 모습에 맞는 사람이 되고 싶어 한다. 스스로 생각하는 자신의 모습에 맞지 않는 경험과 느

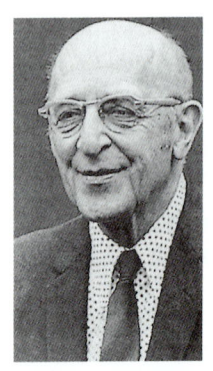

자기-심리학과 대화심리치료를
주창한 칼 로저스(1902~87).

낌은 불쾌감을 불러일으킨다. 따라서 이러한 경험과 느낌에는 전혀 신경을 쓰지 않는다. 여기서 우리는 프로이트의 억압 이론을 떠올릴 수 있을 것이다.

자기-개념에 맞지 않는 경험을 더 많이 부정할수록 자기와 현실 사이의 간극은 더 넓어지고, 두려움과 불쾌감이 나타날 확률도 그만큼 높아진다. 경험과 자기-개념이 '일치'하지 않으면 진실은 외면된다. 진실은 두려움을 주기 때문이다. 자기-개념과 경험된 현실 사이의 불일치가 너무 커지게 되면, 두려움은 참을 수 없을 만큼 강해지고 마침내 정서장애에 이르게 된다.

로저스는 '실제적 자기'와 '이상적 자기'를 구분한다. 그 둘 사이의 간극이 좁을수록 그 사람은 자신과 일치된다. 따라서 그런 사람은 만족스럽고 행복하다. 이상적 자기와 실제적 자기의 간극이 넓을수록 자신에 대해 불만족스럽고 신경질적이게 되고 마음의 상처가 커지게 된다.

따라서 로저스에 따르면 정신적으로 병들게 할 수 있는 두 가지 갈등요인이 있는 셈이다. 하나는 자기-개념이 경험된 현실과 일치하지 않을 때이고, 또 다른 하나는 실제적 자기와 이상적 자기가 조화를 이루지 못할 때이다.

조건 없는 관심

로저스에 따르면 자기-개념은 어린 시절에 교육을 통해 대체적으로 형성된다. 금지된 행동은 사랑받지 못하거나 벌을 받는다. 따라서 금지된

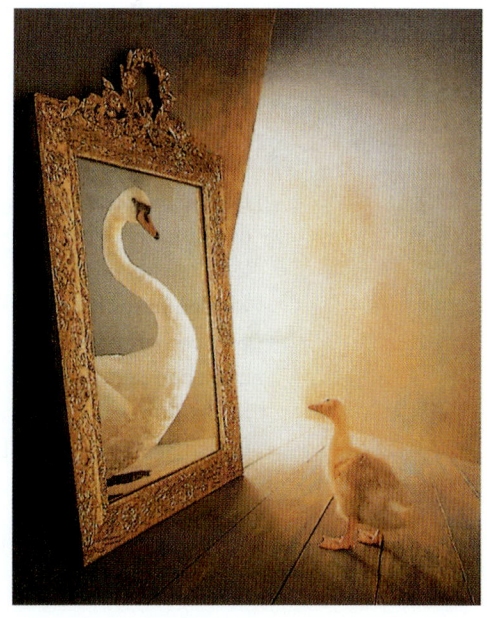

정신적으로 병들게 할 수 있는 갈등 요인. 실제적 자기와 이상적 자기가 일치하지 않는다.

감정은 자기-개념에서 추방된다. 이리하여 경험한 것과 자기-개념 (즉 허락된 것을 행하는 것) 사이에 불일치가 생겨난다. 긴장, 두려움, 불쾌감, 정신병은 그 결과로 나타난다. 정신적 건강은 허락된 경험과 금지된 경험 모두를 인정하고 그 모든 경험들을 자기-개념에 반영시키는 데 있다. 정신적 건강과 만족을 위한 가장 좋은 태도는 '무조건적인 긍정적 관심'이다. "착하게 행동하면 나는 너를 사랑할 것이다"라고 아이에게 이야기하는 것은 조건적 관심이다. "기쁠 때나 슬플 때나 항상 사랑하고 존경하겠다"고 서약하는 신혼부부는 무조건적인 관심을 약속하는 것이다.

인간에게는 자신을 실현시키고 자신의 잠재능력을 가능한 한 모두 펼치려는 경향이 존재한다고 로저스는 주장한다.

자기-심리학

하인츠 코허트(Heinz Kohut)는 심리분석가였다. 그런데 그는 자기-심리학의 일부 견해를 받아들여 자신의 심리분석 방법을 '자기-심리학'이라고 칭했다. 그의 이론은 심리분석의 치료방법의 틀을 넘어선 것이었다. 감정이입이라는 특별한 방법에 그의 이러한 태도가 잘 드러나 있다. 인간이 아주 어렸을 때부터 필요로 했던 것을 원초욕구라고 부른다. 그리고 이 근본적 욕구들(자신을 존중하는 감정이기 때문에 '나르시스적'이라고 부른다)은 평생 동안 작용한다. 다음의 감정이입 형태들에서 코허트가 말한 원초욕구가 훨씬 분명하게 밝혀질 것이다.

거울-감정이입 : 인간은 지각되기를 원하는 욕구를 평생 동안 가지고 산다. 다시 말하면 다른 사람들(최초의 사람은 대개 엄마이다)의 눈에 비친 자신을 보고 싶어 하는 것이다. 도널드 위니코트(Donald Winnicott, 1897-1971)는 이것을 '엄마 눈 속의 불꽃'이라고 불렀다. 엄마 눈 속의 불꽃을 보고 인간은 실제로 살아있음을 느낀다. 이러한 인정받음의 경험은 후일 다양한 형태로 표현될 수 있다. 때로는 아주 일상적인 형태로 나타나기도 한다. 가령 나를 보고 기뻐하는 사람이라든지, 이름을 불러주면 좋아한다든지, 눈을 마주치면서 인사를 나누는 것은 인정의 경험을 되살려준다. 인간은 진정으로 관심을 받고 싶어 하는 것이다.

타아(Alter-Ego)-감정이입 : 이것은 어떤 어려움에도 자신과 함께 해주며 자신을 결코 버리지 않는 누군가의 곁에 있을 때의 감정이다. 이런 사람은 나의 영혼의 쌍둥이이고, 좋은 (여자)친구이고, 나의 수호천사이다. 인간은 이런 사람을 원한다.

이상화된 감정이입 : 찬탄을 하고 찬탄을 받는 것은 인간의 근본적 욕구에 속한다. 이것은 자기-심리학에서만 나타나는 것이 아니라, 사랑에 빠진 대부분의 경우에 볼 수 있다. 사랑은 상호간의 찬탄과 숭배 행위로 이해할 수 있기 때문이다. 별로 좋지 않은 시기와 관계에 있어 인정을 해주는 한 마디 말 또는 단지 눈길 한번이 그 사람의 자신감을 북돋는 데 도움이 될 수 있다. 인간은 찬탄을 하고 찬탄을 받고 싶어 한다.

자신을 결코 저버리지 않을 사람을 갖고 싶다는 소망은 인간의 원초적 욕구에 속한다. 심리학에서는 이것을 '타아 감정이입'이라고 부른다. 이러한 존재는 수호천사의 형태로 잘 알려져 있다.

하인츠 코허트는 심리분석 상담을 하면서 이러한 '나르시스적'인 욕구, 다시 말해 자신의 가치를 확인하려는 욕구는 인간을 평생 동안 따라다닌다는 것을 발견했다. 인간은 언제나 이러한 욕구를 채워줄 사람과 경험을 필요로 한다. 이러한 욕구를 채워주

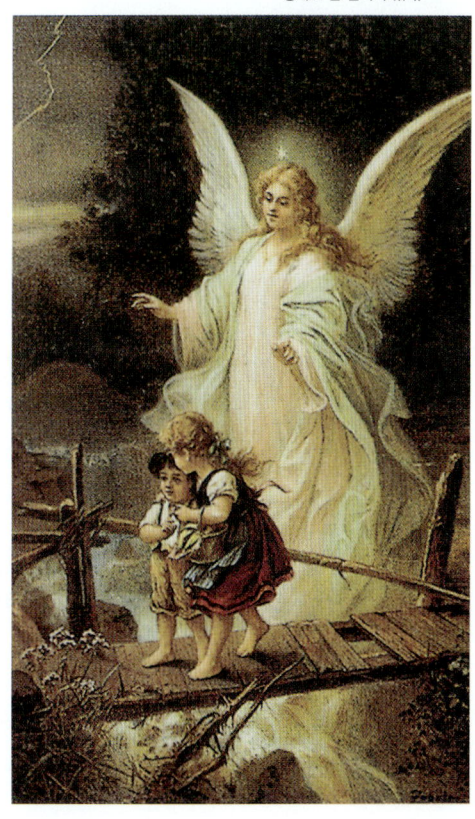

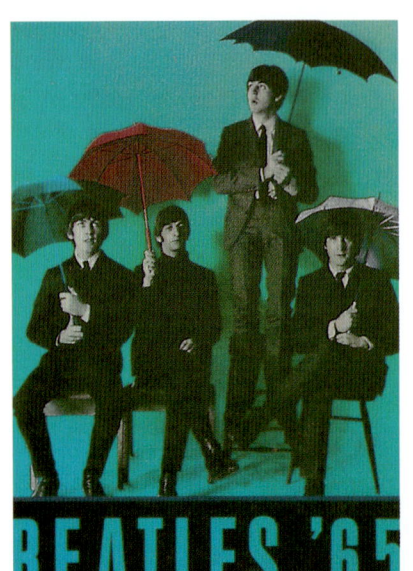

찬탄을 하고 찬탄을 받는 것
또한 모든 사람이 지닌 근본적
욕구이다.

는 사람이나 동물을 자기-심리학에서는 '자기-대상'이라고 부른다.

진화심리학

60세의 남자가 20세의 여자와 결혼한다고 해도 그렇게 크게 놀라운 일은 아니다. 그러나 20세의 남자가 60세의 여자와 결혼한다고 하면 대부분의 사람들이 '뭐가 거꾸로 된 거 아냐? 오이디푸스 콤플렉스인가?'라고 생각할 것이다.

여자들이 남자들의 마음에 들기 위해 화장, 장신구, 옷, 헤어스타일로 꾸미고, 좋아해주는 남자가 있어도 여전히 자신을 꾸미는 이유는 뭘까? 또 남자들이 자신이 얼마나 멋진 남자이고, 얼마나 벌며, 얼마나 멋진 자동차를 타고 다니고, 강한 이두박근과 빨래판 같은 복근을 가지고 있다고 떠벌리길 좋아하는 이유는 뭘까?

남자들이 여자들보다 더 빨리 섹스를 하려고 하고, 상대를 별로 가리지도 않는 이유는 뭘까? 1989년에 미국에서 행해진 한 조사에 의하면 낯선 남자가 여자에게 접근했을 때 50%의 여자들이 만남에 동의하였으며, 6%의 여자들은 남자의 집으로 갈 의향이 있었고 0%의 여자들이 섹스를 할 의향이 있었다. 그러나 낯선 여자가 남자에게 접근했을 때 50%의 남자들이 만남에 동의했고, 69%의 남자들이 여자의 집으로 갈 의향이 있었으며, 75%의 남자들이 섹스를 할 의향이 있었다.

파트너 선택과 유전자

진화심리학은 마침내 위의 의문에 대한 답을 찾아냈다. 모든 것이

유전자의 번식이라는 기본 법칙 위에서 진행되고 있다는 것이다. 다윈이 생물학에서 진화론을 발전시켰다면, 진화심리학자들은 다윈의 기본 이론을 사람의 마음에 적용시키려고 한다. 진화심리학에 의하면 모든 행동은 생존의 확률을 높이고 유전자를 가장 이상적인 후손에게 물려주려는 동기에 의해 이루어진다. 이것은 성격에도 영향을 준다. 생식과 성이 핵심적인 문제이므로 성격도 생물학적 성별에 의해 가장 크게 영향을 받는다.

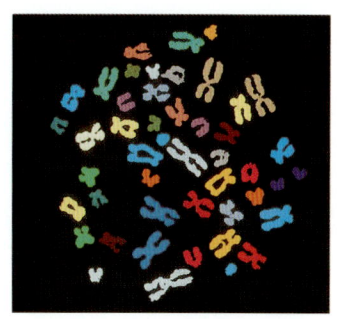

진화심리학자들은 인간 행동의 이유는 유전자에 있다고 생각한다. 모든 행동이 자신의 유전자를 가장 좋은 조건에서 번식시키기 위함이라는 것이다.

따라서 남자와 여자의 성격적 차이는 서로 다른 번식 전략의 결과일 뿐이다. 여자는 아이를 갖길 원한다. 생산력이 있는 여자를 남자는 원하므로 여자는 자신의 생산력을 증명하기 위해 젊고 예쁘게 꾸민다. 이때 여자는 누구에게서 유전자를 받을 것인가를 꼼꼼히 따져서 선택한다. 아이들의 아버지가 가족을 부양하고 지킬 능력 및 수단을 가지고 있는지 알아야 하기 때문이다. 따라서 여자를 정복하려는 남자는 부양자와 보호자로서의 자신의 능력을 보여주어야 한다. 남자는 여자에게 보호받거나 양육되지 않아도 되기 때문

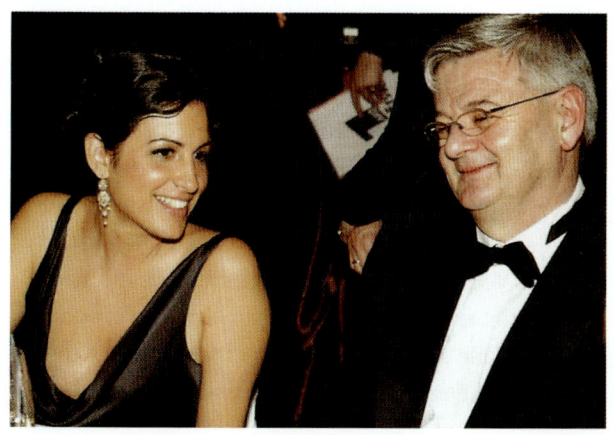

나이 많은 남자와 젊은 여자 커플은 세계 여러 문화에서 볼 수 있는 현상이다. 이것은 남자와 여자의 서로 다른 번식 전략을 반영한다.

에 여자를 까다롭게 선택할 필요가 없다. 그러므로 여자가 젊고 아름답게 꾸미는 것은 '나는 많은 아이를 낳을 수 있다'는 뜻이고, 남자가 근육을 자랑하는 것은 '내가 가장 잘 부양하고 보호할 수 있다'는 의미이다.

생산력을 보증하는 조건의 하나는 젊음이다. 그리고 경제적 능력을 보증하는 조건의 하나는 나이이다. 이것이 남자들이 젊은 여자를 좋아하고 여자들이 나이 든 남자를 선택하는 까닭을 설명하는 진화심리학의 논리이다. 파트너 선택에 있어서의 이러한 특이한 성별의 차이는 37개 이상의 문화권에서 동일하게 볼 수 있는 현상이었다.

진화심리학은 파트너 선택뿐 아니라 왜 남자가 여자보다 개인적이고 지배적이고 문제해결 지향적인지도 설명한다. 왜냐하면 그러한 성격적 특징이 긴 세월 동안 남자의 생산능력을 강화시켰기 때문이다. 그래서 남자들은 자신을 점점 더 강하게 만든다. 여자들은 공동체 중심적이고 사회적이며 말을 주고받길 좋아한다. 그러한 성격적 특징이 자식들이 성장하는 데 유리하기 때문이고 남자에게 선택받고 인정받을 수 있는 기회를 높이기 때문이다.

남자들은 바람피우는 것에 반대한다, 그들의 아내에 관한 한

외도와 질투에 대한 서로 다른 생각도 파트너 선택의 진화적 전략에서 설명할 수 있다. 남자들은 자신들의 유전자를 번식시키기 위해 될수록 많은 여자와 관계를 맺어야 한다. 그 때문에 남자들은 다수를 추구하고 바람을 피운다. 그러나 다른 남자의 아이를 키우는 것(다른 유전자를 유리하게 하는 것)은 원치 않기 때문에 질투를 하고, 혹시 아내가 바람을 피우지는 않는가 감시하는 것이다.

왜 여자는 주차를 못 하고, 남자는 대화를 못할까? : 두 가지 다른 이론

남자와 여자의 성격 차이를 설명해 주는 또 다른 두 개의 이론이 있다. 성격이 육체와 관련이 있다는 생각은 이미 크레치머와 프로이트에게서 만나본 바 있다. 모든 남자와 모든 여자가 성격적인 차이를 보인다면, 그 차이는 생리학적, 생물학적 토대에 근거한 것이라고 추정할 수 있다. '몸은 운명이다.' 어떠한 육체를 가지고 있는가는 어떠한 마음을 가지고 있는가이다. 이것이 가설이다.

프로이트가 심리–성적 발달단계 이론에서 말했던 것이 바로 그러한 것이다. 프로이트는 성격의 차이가 육체(크레치머가 말한 체형이 아닌)와 관련이 있다고 보았었다. 남자아이는 동일시의 대상인 아버지와 똑같이 페니스를 가지고 있다. 그리고 무의식 속에서 엄마를 성적으로 욕망한다(오이디푸스 콤플렉스는 여기서 나온다). 엄마나 혹은 엄마의 역할을 하는 여자는 성적 욕망의 대상이다. 남자아이는 여동생이나 다른 여자아이들에게는 페니스가 없다는 것을 알게 된다. 왜 그런지에 대해 곰곰이 생각한 후 여자아이들은 페니스가 잘린 것이라고 남자아이는 결론을 내린다. 그리고 자신에게도 같은 일이 일어날까봐 공포를 느낀다. 이것이 유명한 '거세공포'이다. 여

특히 성별에 따른 차이를 설명함에 있어서 요즈음 진화심리학의 이론이 매우 유행이다. 진화심리학은 유전자적인 관점에서 우리는 아직 석기시대를 벗어나지 못했다고 주장한다. 남자의 지배를 설명(정당화는 아니겠지만)하는 단순한 논리이다. 학문적으로 볼 때 이러한 견해에는 문제가 많다. 오류를 증명할 수 있는 길을 막아놓고 있기 때문이다. 언젠가 프로이트가 인간의 마음을 신화적인 부족을 통해 설명하려고 하였다면, 진화심리학은 성격의 차이를 가설적인 석기시대 신화를 통해 설명하려 한다.

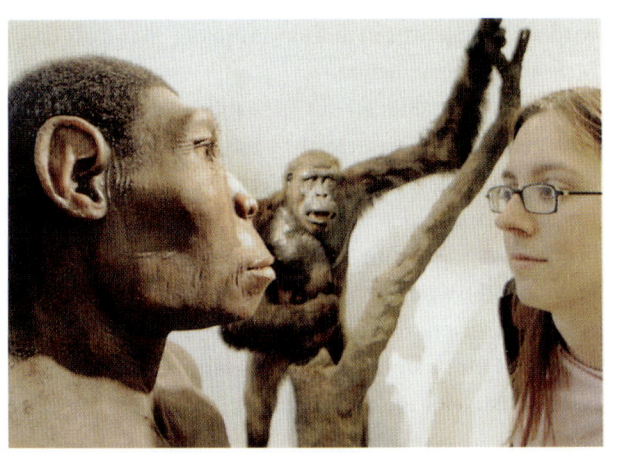

거세공포와 남근선망.
프로이트는 여자를 부족한
인간으로, 남자를 인간의
척도로 규정했다.

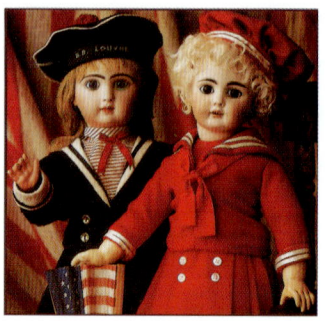

자아이는 남자아이의 페니스를 부러워한다. 그리하여 여자아이는 '남근선망'을 갖게 된다. 이렇게 신체의 일부가 있는 것과 없는 것은 공포와 선망 같은 심리적 문제를 일으킬 수 있다. 프로이트의 관점에서 보자면 그렇다는 말이다. 그의 시각에서 여자는 뭔가 부족한 존재로, 남자는 인간의 척도로 규정된다.

성행위의 목적은 여자의 몸을 뚫고 들어가 사정을 함으로서 '성숙한' 생식단계에서 일어난 충동을 배출하는 것이다. 사정 후에 흥분상태는 급격하게 소멸한다. 여자는 성행위를 통해 (잠시 동안) 페니스를 소유했다는 사실에 기뻐한다. 성숙한 여자의 경우, 섹스에서는 수동적이고 수용적이면서도 남자와 똑같이 오르가슴을 경험한다. 만약 오르가슴을 경험하지 못한다면 그 여자는 성적 불감증이 있는 것이다.

여자의 성 : '암흑의 대륙'

위와 같은 생각은 사물을 바라보는 남성적 시각에서 나온 것이다. 프로이트는 자신은 여성의 성에 대해 아무 것도 모른다고 겸손한 태도를 보였다. 그래서 그는 여성의 성을 '암흑의 대륙'이라고 불렀다. 우리는 거꾸로 여성과 여성의 성이 정상적인 경우라고 생각할 수 있다. 그러면 우리는 여성이 쾌락을 느끼는 데에만 소용되는 성적 기관을 지니고 있음을 깨닫게 된다. 이 성적 기관이란 바로 클리토리스이다. 클리토리스는 여성의 성생활에서 매우 중요한 역할을 한다. 이러한 사실이 여성의 성과 여성의 성격에 영향을 미칠 것은 틀림없다.

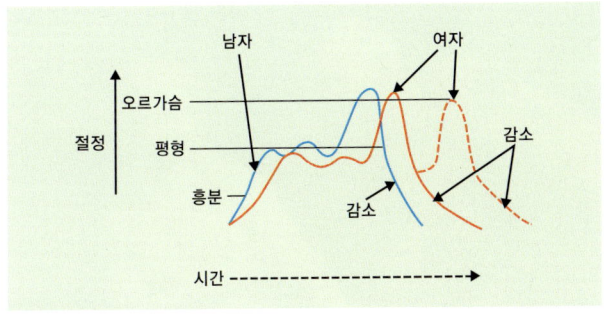

흥분곡선을 통해 남자와 여자가
얼마나 다른 성을 가지고
있는가를 알 수 있다.

남녀 사이의 흥분곡선도 매우 달라서 남녀가 동시에 절정을 느끼기 위해서는 상당한 기술이 요구될 정도이다. 남녀의 성적 흥분곡선을 도표로 나타내보면 남녀의 성이 얼마나 다른지 알 수 있다.

흔히 여성은 성적으로 수동적이고 남성은 적극적이라는 인식은 무엇을 의미할까? 이것은 우선 여성의 성에 대한 억압으로 나타난다. 여성은 몸의 구조에서 볼 때 남자보다는 훨씬 뛰어난 성적 능력을 가지고 있다. 남자들은 언제나 상대방을 만족시킬 수 있는 능력이 있어야 한다는 마초(Macho) 이미지 때문에 성적 능력에 대한 압박과 실패에 대한 공포를 가지고 있다. 비아그라의 성공은 사회의 통념과 신화가 얼마나 강하게 개인의 은밀한 행동에까지 영향을 미치는가(그리고 그것으로 얼마나 많은 돈을 벌 수 있는가)를 증명하고 있다.

육체가 성격에 영향을 준다는 사실을 인정한다면 여성의 몸과 남성의 몸에 대해 알아야 한다. 남자는 쾌락을 얻는 데에만 소용되는 신체기관을 갖고 있지 않다는 사실은 무엇을 의미하는가? 그리고 남자의 쾌락-기관은 고장 나기 쉽고 의지대로 되지 않으며 근육의 힘에 의해 지배되며, 의지대로 되지 않기 때문에 커다란 두려움을 줄 수 있다는 사실은 무엇을 의미하는가?

대상관계 이론

정신분석학에서 프로이트의 이론을 발전시켜 나온 이론 중의 하나

이미 성경시대부터 여성의 성에 대한 오해가 있었다. 지그문트 프로이트는 1925년에 이렇게 쓰고 있다. '우리는 어린 소녀의 성에 대해서는 어린 소년의 성보다 아는 것이 적다. 이런 차이에 대해 부끄러워할 필요는 없다. 성인 여성의 성도 심리학에 있어서는 암흑의 대륙이기 때문이다.'

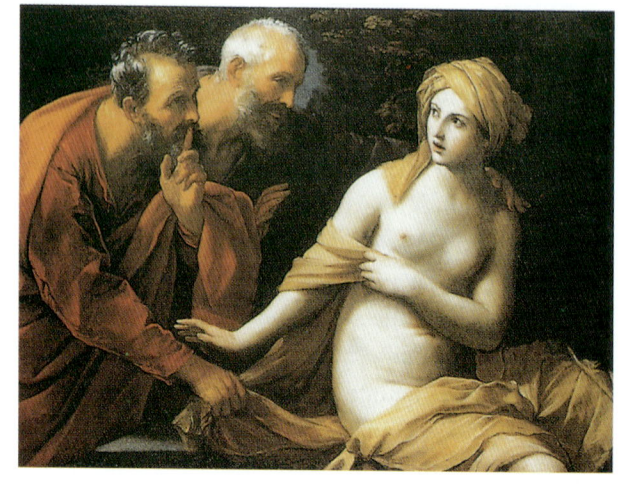

가 그의 제자 멜라니 클라인(Melanie Klein)의 대상관계 이론이다. 인간은 충동을 방출해야 하는 끓고 있는 냄비(일 뿐만이)가 아니라 그 원초적 관심은 다른 사람들과 관계를 맺는 데 있다는 것이 클라인의 생각이다. 우리의 성격에 영향을 주는 것은 어렸을 때의 관계이다. 인간은 무엇보다도 관계의 존재이다. 인간은 충동의 존재가 아닌 것이다. 인간에게 충동이 있다고 해도 그것은 관계의 충동이고, 그것이 인간을 움직이며 행동에 동기를 부여한다. 이것은 남자와 여자의 성격, 그리고 남자와 여자의 정체성 발전에 심대한 영향을 미친다.

남녀 모두에게 최초의 중요한 사람(원초적 대상)은 엄마이다. 이성애자인 남성의 경우, 언제나 원초적 대상과 동일한 성별이 성적 대상이 된다. 이런 면에서 이성애자인 남성은 자신을 변화시킬 필요가 없다. 그의 욕망의 대상은 요람에서 무덤까지 반대쪽 성이다. 이성애자 여성의 경우는 다르다. 이성애자 여성은 최초의 사랑을 버리고 욕망의 대상을 여자에서 남자로 바꿔야 한다. 남자의 경우, 만나는 모든 여자들과의 관계가 엄마와의 원초적 관계의 반복일 수 있다. 여자의 경우는 그렇지 않다. 여자는 언제나 '차선'을 선택하는 셈이다. 여성의 경우, 섹스 시에 원초적 대상과의 관계에 대한 반향은 남성의 경우에서처럼 그렇게 직접적이고 강하지 않다.

이러한 사실은 분명 남자와 여자의 성과 성격에 영향을 끼칠 것임에 틀림없다. 원초적 관계가 깊게 각인이 되어있다면 여자와 남자 사이에는 동일한 원초적 대상과의 관계에 의해 상당한 유사성이 존재하겠지만, 성에 있어서는 남녀가 아주 다르게 받아들일 것이다. 가설적으로 말하자면, 남자에게 섹스는 정신적으로 꼭 필요한 것(섹스를 통해 원초적 대상과 관계를 가질 수 있으므로)이지만, 여자에게는 꼭 필요한 것이 아니고 그리 절박한 것도 아니다. 따라서 여자는 즐기는 자세로 섹스에 임할 수가 있다. 남자는 여자와의 결혼을 통해 엄마와 결혼하는 셈이고, 여자는 남자와의 결혼을 통해 역시 엄마가 되는 셈이다.

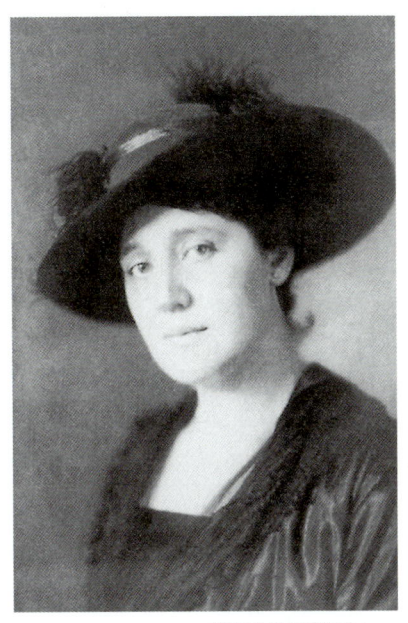

대상관계 이론의 창시자로 알려져 있는 멜라니 클라인(1882~1960)은 그녀의 저작을 통해 현대 심리학의 발전에 지대한 공헌을 하였다.

절망감

우리는 평소에도 절망감을 느끼는 상황을 수없이 많이 만난다. 빽빽이 늘어선 자동차 대열에 갇혀있거나 의사의 진단을 기다릴 때, 돈이 없을 때, 승진에서 탈락했을 때, 데리러 오겠다고 약속한 사람이 나타나지 않을 때, 자전거의 타이어가 펑크 났을 때, 시험에서 아무 생각도 안 날 때, 사랑에 실패했을 때, 주말인데 비가 내릴 때 우리는 절망스럽다. 삶은 근본적으로 이러한 상황들의 연속이라고 할 수 있다(다행히도 삶에 절망만 있는 것은 또 아니다). 절망감은 외적 상황(하려는 일에 장애가 놓여 있을 때)에 기인하거나 개인적인 한계, 혹은 갈등에서 생겨난다.

갈등이 자신의 내부에서 일어날 경우, 절망감은 더 커진다. 이것을 극복하지 못하면 공격성이나 무감각, 퇴행, 그리고 두려움이 생겨난다.

삶의 기본적 갈등들

절망감을 느끼는 가장 많은 원인은 두 가지 선택 사이의 갈등이다. 무엇을 선택해야 할지 모를 때 느끼는 갈등을 양면감정 갈등이라고 한다. 양면감정 갈등은 어떤 것을 한편으로는 하고 싶어 하면서도 동시에 다른 한편으로는 그것을 하길 원하지 않거나 그것을 하는 것을 두려워하는 것을 뜻한다. 양면감정은 결국 쾌락과 공포 간의 갈등이라고 할 수 있다. 한 소년이 수영장의 다이빙대 위에 올라가 있다고 하자. 뛰어내릴까, 말까? 멋지게 뛰어내려 보고 있는 친구들에게 으스대고 싶기는 한데 겁도 약간 난다. 10년 후에 이 청년은 낙하산을 메고 비행기에서 뛰어내리려 한다. 그때도 역시 갈등은 생긴다. 양면감정 갈등은 종종 하나의 특정한 행위에서 나타난다. 청년은 처음에는 드디어 자기도 낙하산 점프를 하게 된 사실에 기뻐한다. 그러나 뛰어내릴 시간이 다가오자 마음 한쪽에서 고개를 든 두

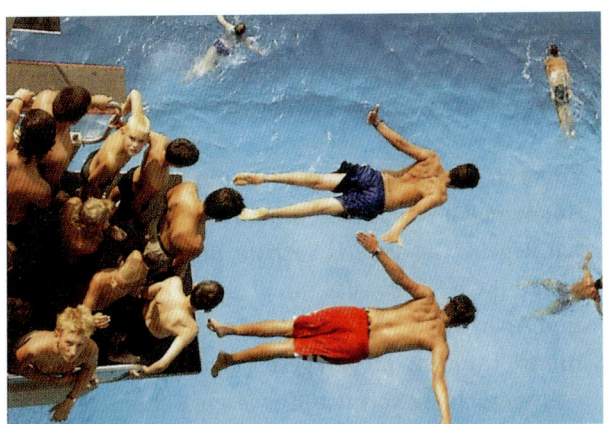

전형적인 양면감정 갈등.
뛰어내릴까 말까?

려움이 점점 커진다. 그리고 고민을 하기 시작한다. 꼭 뛰어내려야
하나? 다음에 하면 안 될까? 양면감정 갈등은 종종 접근회피 갈등
의 형태로 나타난다. 많은 사람들은 휴가를 떠날 때 접근회피 갈등
을 경험한다. 겨울에는 흥분에 들떠 가족과 함께 여름에 떠날 여행
지를 고른다고 여행사 카탈로그를 뒤적거린다. 그러나 여행을 떠날
시간이 가까워질수록 짐 싸는 것, 뭘 가지고 가야 하나로 싸우는 것,
언제 떠나야 길이 덜 막히나 등에 대한 생각들이 자꾸 떠오른다. 꽉
막힌 길 위에서 26시간을 보내야 한다는 생각만 하면 끔찍해진다.
만약 여행지 숙소가 공사장 옆에 있다면……? 그동안 정원의 잔디
는 누가 깎고, 고양이나 기니피그는 누구에게 맡겨야 하나? 예약을
취소해도 된다는 확인을 받아두는 건데. 그냥 집 발코니에서 휴가
를 보내는 건 얼마나 좋을까?

　우리 사회에서는 대개 서로 모순적인 다음의 동기들과 연관된 상
황에서 양면감정 갈등을 느낀다.

독립 대 종속：힘들 때 우리는 우리를 돌봐주고 결정을 대신
해 줄 사람을 원한다. 그러나 우리가 '잘 나갈' 때에는 문제를
자기 자신이 해결하길 원하고, 누가 도움을 준다고 해도 귀찮

고 끼어드는 것도 월권이라 느낀다.

친근감 대 소외 : 자신의 문제를 남들과 상의하고 비밀을 털어놓으며 속 깊은 얘기를 나누고 자신을 열고자 하는 욕망은, 체면을 잃고 비웃음을 사고 창피와 따돌림을 당할 수 있다는 두려움과 싸운다.

협동 대 경쟁 : 부모들은 아이들이 좋은 결과를 얻어내길 원하고 아이들 자신도 최고가 되고 싶어 한다. 아이들은 또한 여러 사람에게 사랑받길 원한다. 부모들은 사람들 앞에서 바르게 행동하라고 아이들을 가르친다. 그렇다면 어떻게 여러 사람 중에서 최고가 되면서 동시에 가장 화합을 잘 하는 사람이 될 수 있을까? 어떻게 하면 그 두 가지 요구를 다 충족시킬 수 있을까?

적극성 대 겸손 : 모든 사회에는 적극적 행동에 한계를 지우는 규칙, 율법, 금지가 있다. 성과 공격성은 우리의 충동과 사회적, 내적 규준(양심, 죄의식, 수치감)이 갈등에 빠지는 영역이다.

절망감에 대한 반응

많은 경우, 실제의 삶은 실험을 통해 더욱 분명하게 드러난다. 1941년에 행해진 고전적 실험은 어떻게 절망감이 생겨나고 무엇이 절망감을 일으키는가를 보여준다.

첫째 날, 어린아이들을 여러 장난감이 있는 방에서 놀게 한다. 그런데 그 장난감들은 모두 완벽하지가 않다. 모든 장난감에는 무언가가 하나씩 빠져있다. 예를 들면 의자는 있지만 탁자는 없고, 다리미판은 있지만 다리미는 없고, 전화기에 다이얼은 있지만 수화기가 없고, 물놀이 장난감은 있지만 물은 없다. 아이들은 부족한 부분을 상상하거나 다른 것으로 대치한다. 종이로 물을 대신하여 뱃놀이를 하고, 주먹을 수화기로 사용한다.

둘째 날, 아이들은 완전히 다르게 행동한다. 아이들은 전혀 놀 줄을 모르는 것처럼 보인다. 장난감이 있어도 그것을 가지고 노는 것이 아니라 던지거나 발로 밟거나 망가뜨린다. 크레용으로도 무엇을 그리는 것이 아니라 더 어린아이들이 하듯이 여기저기 그어대기만 한다. 아이들은

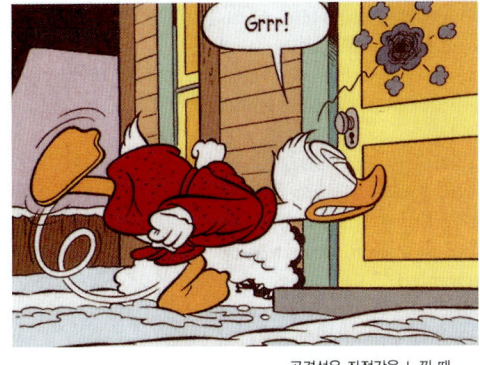

공격성은 좌절감을 느낄 때 종종 나타난다.

불만에 가득 차서 옆에 있는 어른들에게 불평을 하거나 징징거린다. 한 아이는 바닥에 누워 천장을 보며 마치 정신 나간 사람처럼 알 수 없는 말을 중얼거린다.

왜 아이들은 이렇게 다르게 행동했던 것일까? 둘째 날의 아이들에게 정신적으로 문제가 있었던 것일까? 정신병인가? 아니면 신경증인가? 그런 것이 아니다. 첫째 날의 아이들과 둘째 날의 아이들은 같은 아이들이었다. 차이가 있다면 둘째 날에 아이들은 절망감을 갖게 된 것이다. 왜냐하면 방을 가로막고 있던 가리개를 치우자 방의 반대쪽에 망가지지도 않았고 더 좋기까지 한 장난감들이 있었지만 그것을 가지고 놀지 못하게 했기 때문이다.

더 좋은 장난감에 대해 알지 못했을 때에는 가지고 있는 것으로 만족스럽고 행복하게 놀 수 있었다. 더 멋지고 좋은 장난감을 보고도 가질 수 없게 되자 아이들은 절망감을 느끼게 되었고 공격적, 무감각적, 퇴행적인 반응 혹은 공포감을 보였다. 이러한 실험은 아마도 집에서도 매일 저녁 텔레비전에서 광고가 지나가면 겪는 일일 수도 있을 것이다.

우리는 아이들처럼 그렇게 드러나게 반응할 수는 없다. 따라서 우리는 공격성, 무감각, 퇴행적 반응, 공포감을 어른스럽고 교양 있는 방식에 담아 내보낸다.

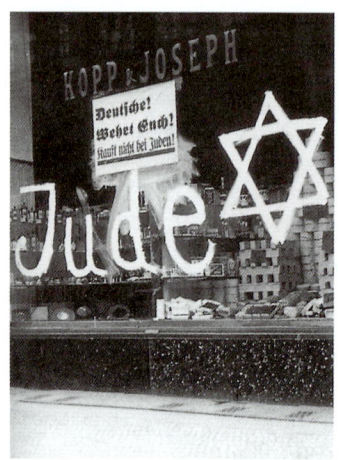

죄 없는 사람이나 약한 사람에게 폭력을 행사함으로서 쌓였던 좌절감은 분출의 통로를 찾는다.

공격성

공격성이 적나라하게 드러나는 일은 드물다. 절망감에 반응하는 한 가지 방법은 '전이'이다. 절망감의 원천(가령 직장상사)을 직접 공격하는 것이 아니라 다른 것(커피포트를 부순다든지)이나 다른 사람에게 공격을 돌리는 것을 전이라 한다. 부하직원을 굼뜨다고 나무란다든지, 집에 와서 남편이나 아내에게 화풀이를 할 수도 있다. 다른 누군가가 희생양이 되는 것이다. 개인 사이에서만 이러한 일이 일어나는 것이 아니라 집단 사이에도 이런 일이 있을 수 있다. 경기가 안 좋아 실업률이 높아지고 전체적으로 절망감이 상승하면 분노는 사회적 소수에게로 향한다. 외국인이나 유태인, 동성연애자, 노인, 젊은 이들이 애꿎게 죄를 뒤집어쓰는 것이다.

무감각

무감각은 공격성과 정반대의 방향으로 절망감에 대응하는 행동이다. 무감각은 학습될 수 있다. 분노나 그 밖의 다른 행동으로 아무것도 얻지 못하는 일이 반복될 때, 사람은 체념하게 된다. 개의 실험을 통해 우리는 이것을 확인할 수 있다. 어떤 행동을 해도 전기충격에서 벗어나지 못한다는 것을 알게 되면 개는 무감각하게 전기충격을 견딘다. 그리고 나서 다시 도망칠 수 있는 기회가 주어졌을 때에도 개는 가만히 누워서 전기충격을 참아낸다. 개는 무기력에 빠지도록 학습된 것이다. 미국의 심리학자 마틴 셀리그먼(Martin Seli gman)은 이러한 현상을 '학습된 무력감'이라고 불렀다. 셀리그먼은 인간의 우울증도 '학습된 무력감'이라고 본다. 인간의 경우에는 운명의 충격에 무기력해지는 것이다.

　사람들에게 과제를 주고 해결하게 하는 실험에서 자주 틀리는 사람은 쉽게 포기하며 결국에는 아예 풀 시도조차 하지 않는 것을 볼 수 있었다. 한 그룹에게 풀 수 없는 문제를 주고 소음이 있는 방에 있게 했다. 소음은 차단막을 닫으면 들리지 않게 되어 있었다. 다른 그룹에게는 풀 수 있는 문제를 주었다. 풀 수 있는 문제를 받은 그룹은 소음의 원인을 찾아내어 금방 차단막을 내림으로서 소음을 없앴다. 풀 수 없는 문제를 받은 그룹은 수동적으로 운명에 몸을 맡겼다. 이 그룹은 어떻게 해도 안 된다는 것을 알게 된 것이다.

지속적인 절망감은 죽음에 이르는 무감각을 가져올 수 있다. 집단 수용소나 포로수용소에서 우리는 이러한 사실을 확인할 수 있다. 포로들은 무감각해진다. 그들은 먹지도 않고 죽음만을 기다린다. 한국 전쟁에서 포로들의 이러한 행동이 관찰된 바 있다. 생명을 위협하는 요소들에 무감각 반응을 보였던 포로들은 두 가지 처방에 의해 달라질 수 있었다. 일어나서 어떤 사소한 일이든 상관없이 무엇인가를 하거나, 현재 혹은 미래의 문제에 관심을 기울이는 것이다.

퇴행

퇴행은 어릴 때의 행동양식으로 돌아가는 것을 의미한다. 앞에서 예를 든 실험에서 아이들은 한두 살짜리 어린아이들에게서나 나타나는 행동을 보여주었다. 갈등이 일어나는 경우(가령 주차장에서 주차 문제로 시비가 벌어졌을 때)에 퇴행이 행동으로 나타나는 것을 볼 수 있다. 처음에는 서로 말을 주고받는다. 다음에는 서로 소리를 질러댄다. 그 다음에는 주먹을 휘두른다. 결국에는 다 큰 어른 둘이 어린애들처럼 코피가 터진 채로 서로 부둥켜 안고 땅바닥을 구른다.

건강관리인가 아니면 기분 좋은 퇴행인가?

퇴행의 내적 논리는, 절망감을 느끼는 상황이 되면 우리는 이전에 효과가 있었던 행동방식을 다시 택하게 된다는 것이다. 가령 어렸을 적에는 이성적인 대화보다는 소리를 지르는 것이 효과적이었다. 밤 두시에 아기가 조용히 우유를 달라고 한다면 부모는 잠자리에서 일어나지 않을 것이다. 동생이 생긴 아이들은 다시 오줌을 가리지 못하게 되는 경우가 종종 있다. 아마도 동생에게 기울어진 부모의 관심을 자신에게로 되돌리려는 효과적인 수단으로 '오줌 싸기'를 택한 것일 것이다. '나도 좀 봐 주세요'라고 외치고 있는 셈이다.

퇴행에는 심리적 재충전의 효과도 있다. 한 잔의 술이나 텔레비전 시청, 침대 위에서 뛰기, 굿나잇 키스는 마음을 편안하게 해주는 재충전적 퇴행이라고 볼 수 있다.

불안

이제까지는 절망감에 대해 겉으로 드러나는 반응을 다뤘다. 그러한 반응을 이해하기 위해 심리학자들은 불안이란 개념을 끌어들였다. 심리학은 불안을 여러 가지로 구분한다.

두려움은 구체적 위험에 대한 불안한 마음을 뜻한다. 한밤중에

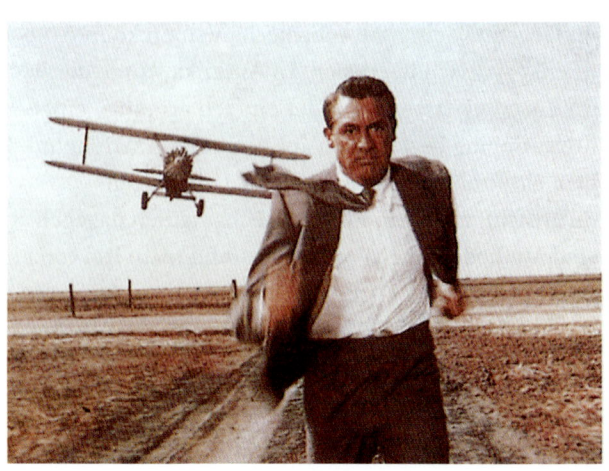

〈북북서로 진로를 돌려라〉의 한 장면. 캐리 그랜트는 공포가 무엇인가를 구체적으로 보여준다.

집 안에서 수상한 소리가 들려온다면 도둑이 들어온 것은 아닌가 하는 두려움이 생긴다.

공포는 직접적인 위험을 내포하고 있지 않은 구체적 사물이나 상황에서 오는 불안감이다. 높은 탑에 오를 때, 난간과 계단을 벗어나지 않는 한 위험은 없다. 그럼에도 불구하고 많은 사람들은 고소공포증을 느낀다. 괴테에게도 고소공포증이 있었다고 한다. 2장에서 소개했던 꼬마 알버트는 털이 있는 모든 것에 공포를 느꼈다. 넓은 곳은 전혀 위험하지가 않다. 그렇지만 넓은 장소에 가지 못하는 사람들도 있다. 광장공포증이 있기 때문이다. 우리가 생각하기보다 훨씬 더 많은 사람들이 엘리베이터를 이용하지 않는다. 닫힌 곳에서는 불안함을 느끼는 폐쇄공포증 때문이다. 폐쇄공포증은 엘리베이터에만 국한된 것이 아니라, 모든 공간에 해당된다. 따라서 폐쇄공포증을 가진 사람은 방에서도 문을 열어놓아야지만 안심할 수 있다.

그리고 이유도 없이 불안을 느끼는 경우도 있다. 아침에 일어났는데 갑자기 불안감이 밀려오는 것이다. 심리분석에서는 이것을 신경증적 불안이라고 부른다. 신경증적 불안은 원본능의 충동과 자아 혹은 초자아의 제지 사이의 무의식적 갈등에서 생겨난다. 다시 말해, 의식되면 안 되는 금지된 소망은 불안감을 낳는다. 그 경우에 본인은 그 불안이 어디서 연유했는지 알지 못하는 것이다.

지그문트 프로이트의 딸 안나 프로이트(1895~1982)는 『자아와 방어기제』에서 인간이 어떻게 불안에 대처하는가를 연구했다.

불안에 대한 대응 : 방어(기제)와 대처

불안은 불유쾌한 감정이다. 일반적인 경우에 우리는 가능한 한 빨리 그러한 감정에서 벗어나고자 한다. 삶을 살아가는 동안에 우리는 불안이나, 그 밖의 불쾌하거나 고통스런 감정을 극복할 수 있는 수단과 방법을 발전시킨다. 그때 이용되는 전략과 방법을 '방어기제'라고 부른다.

프로이트의 막내딸 안나(Anna Freud)는 1936년에 불안에 대처하

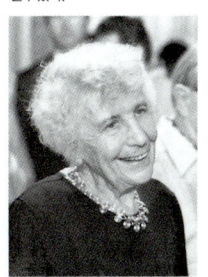

는 여러 방법을 다룬 『자아와 방어기제』라는 유명한 저서를 출간했다. 방어기제는 불안을 견딜 수 있게 하거나 극복하게 한다. 방어기제는 정신적으로 문제가 있는 사람에게만 있는 것이 아니다. 방어기제가 없다면 누구도 정신적인 건강을 유지할 수 없다. 미국에서는 '대처전략(coping strategies)' 혹은 그저 간단하게 '대처'라는 개념을 사용하는데, 불안이나 불쾌감을 일으키는 문제를 해결하려는 의식적인 노력을 의미한다. 이와 달리 방어기제는 불안의 원인을 제거하는 것이 아니라 불안을 감당하는 무의식적인 방법이다. 그러니까 방어기제에는 자기기만적 성격이 들어있다고 할 수 있다. 정신적 건강은 방어기제가 제대로 작동하고 있다는 증표이다. 방어기제는 육체에 있어서 면역체계가 하는 것과 같은 역할을 정신에서 한다. 여기서 우리는 일상에서 경험할 수 있는 몇 가지 대표적인 방어기제를 살펴보도록 하겠다.

억압

억압은 원초적인 방어기제라고 할 수 있다. 불안감이나 죄책감을 불러일으키는 고통스럽고 부끄러운 내적 충동과 외적 경험을 무의식 속으로 몰아내는 것이 억압이다. 대체로 억압은 완전하게 이루어지지 않는다. 문 밖으로 몰아낸 귀신이 창문으로 다시 들어오는 격이다. 신경증적 불안에서 우리는 이것을 확인할 수 있다. 프로이트는 이러한 현상을 '억압된 것들의 귀환'이라고 불렀다. 두려움을 의식 밑에 붙잡아두기 위하여 마음은 다양한 방어기제나 대처전략을 가동한다. 억압된 것들 속에는 가족에 대한 증오의 감정, 근친상간의 욕구, 죽은 사람에 대한 부정적 감정이나 혹은 사고, 강간, 아동학대, 전쟁 중 폭격, 아내나 남편의 자살 같은 트라우마적 경험들, 그리고 시험에서의 낙방, 연설 도중에 다음 부분이 생각나지 않아 말이 막히던 일, 결혼날짜를 잊어버린 일같이 창피스런 사건들이

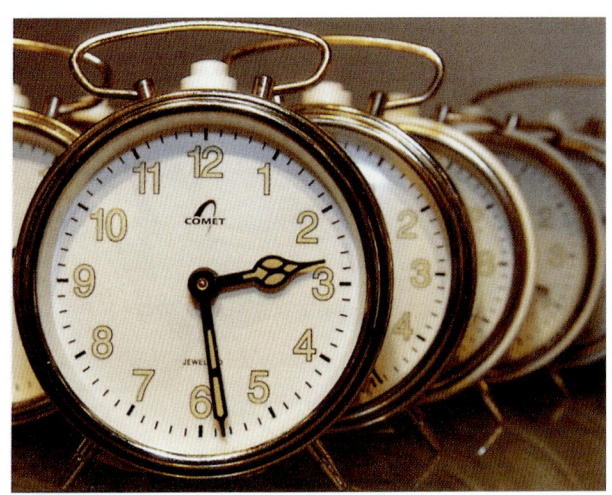

불안에 대처하는 가장 흔한 방법은 합리화이다. 시간에 늦는 경우, 우리는 자명종이 울리지 않았다고 핑계를 댄다.

포함된다. 우리 스스로 견딜 수 없는 자신의 다른 면이나 특이한 성격도 억압될 수 있다. 이것들은 무의식 속에 숨겨지는 것이라고 볼 수 있다.

합리화

높은 가지에 열린 포도를 따먹으려던 여우가 포도를 따지 못하자 "저건 신 포도야."라고 하며 돌아갔다는 이솝 우화의 유명한 이야기는 합리화를 잘 설명해 준다. 합리화는 합리성과는 별로 관계가 없다. 행동을 정당화하거나 실망을 줄여주는 이유를 만들어내 덧붙이는 것이 합리화이다. 가령 목적을 달성하지 못했을 경우, "어차피 별로 하고 싶었던 것도 아닌데 뭐."라고 스스로를 위로하는 것이 합리화이다. 많은 경우에 합리화는 핑계의 수단이다. 초대받은 자리에 나가고 싶지 않을 때 "요즘 내가 할 일이 좀 많아서……."라고 이유를 대거나, 늦게 도착했을 때 "자명종이 울리지 않은 데다가 길이 막혀서……."라고 둘러댐으로써 우리는 자신의 행동을 합리화한다.

반동 형성

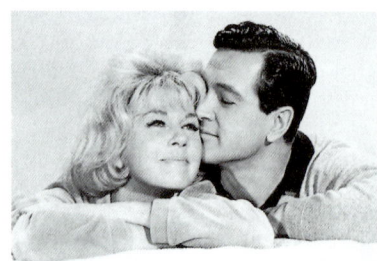

반동 형성. 처음엔 서로 싸우다가 결국에는 서로를 끌어안는다.

때때로 우리는 생각과 정반대되는 행동으로 우리의 감정을 표현한다. 60년대 미국의 코미디 영화에서 주인공들은 서로 욕을 하다가 결국 뺨을 때리고 놀라서 잠시 가만있다가 서로 끌어안고 키스를 퍼붓는다. 심리적 방어가 무너지고 원래의 충동이 드러날 때까지 상대에 끌리는 감정이 공격성으로 나타난 것이다. 특히 10대들은 좋아하는 상대에게 욕을 하거나 침을 뱉는 등의 못된 짓으로 자신의 감정을 나타내곤 한다. 좋아하는 사람이 있으면 그 사람을 놀리는 것이다. 앙숙끼리 좋은 친구가 되는 경우도(혹은 그 반대의 경우도) 있다.

반동 형성의 짜증나는 예를 우리는 이전에 담배를 피우던 사람이 금연을 주장하는 경우에서 볼 수 있다. 이 경우에 담배를 피우던 즐거움은 다른 사람에게 담배의 해악을 주장하는 즐거움으로 바뀐다. 모든 과장된 반응에는 그 행동의 표면 아래 정반대인 진짜 감정이 숨어있을 가능성이 있다.

투사

투사란 어떤 특정한 성격적 특징을 자신에게서는 인정하지 않고 다른 사람들에게서 발견하여 그것을 과장되게 느끼는 것을 말한다. 그런데 우리가 우리 자신의 한 부분을 다른 사람에게 무의식적으로 투사하고 있다는 것을 어떻게 알 수 있을까? 우리가 아내나 남편 혹은 아이들의 행동을 보고 사소한 이유나 이유 없이 화를 낼 땐 투사의 감정이 들어있을 가능성이 높다. 어떤 사람들은 아내나 남편이 바람을 피우고 있다고 단정하고 그 생각에서 벗어나지 못해 괴로워한다. 그런 사람들은 자기 자신이 그러한 충동을 가지고 있다는 사실을 인정하지 못한다. 아내나 남편이 바람을 피운다는 고통스런 공상은 자신의 충동(외도)과 그 충동에 대한 처벌(고통스런 공상과 이혼에 대한 두려움) 사이의 타협으로 볼 수 있다. 분노가 다른 사람에게 투사될 경우에는 적대적인 분위기가 조성된다. 이렇게 되면 객관적으로는 전혀 그렇지 않은 다른 사람이 화를 내고 있는 것으로, 혹은 복수에 눈이 먼 것으로, 또는 악의에 가득 찬 것으로 보이게 된다.

이지화

이지화란 우울이나 슬픔 같은 감정을 느끼고 표현하는 대신에 그것에 대해 지적으로 사유하는 것을 말한다. 예를 들면, '행복이란 존재하는가?', '사랑이란 무엇인가?', '증오는 어떻게 생겨나는가?' 등과같이 감정적 문제를 철학적으로 파고드는 것이다. 모든 철학이 충동 방어나 불안 극복의 수단으로서의 이지화는 아니다. 그렇지만 모든 이지화에는 추상적, 이론적, 철학적, 학문적인 성향이 들어있다. 많은 직업, 그중에서도 특히 다른 사람을 돕는 직업에서 이지화는 감정적 부담의 위험에서 자신을 지키는 수단이다. 가령 학문적인 태도로 진단을 내리는 의사는 환자의 고통을 보고 눈물을 쏟고 환자를 너무 깊이 동정하여 제대로 조치를 취하지 못하는 의사보다 훨씬 환자에게 도움이 된다.

거부

현실이 감당하기 힘든 것일 때 어떤 사람들은 그것을 거부한다. 거부는 감정의 에어백이라고 할 수 있다. 가령 누군가에게 갑작스럽게 암이라는 진단결과가 내려졌다고 하자. 상당수의 사람들은 그 결과를 전하는 목소리를 아예 듣지 못하기도 하고, 그 결과를 믿지 못하는 수도 있고, 아니면 진단이 잘못 됐거나 어딘가에서 착오가 있었다고 믿는 경우도 있다. 진단결과가 주는 엄청난 의미를 받아들이기 위해서는 시간이 필요하다. 거부는 바로 현실과 맞서기 위한 무의식적인 시간 벌기이다.

거부에는 위험한 면도 있다. 만약 오줌에 피가 섞여 나오는데도 단순한 감기나 염증일 것이라고 믿고 가만히 놔두면 저절로 없어지려니 생각한다면, 그것은 위험하다. 그런 사람은 아마도 오래 살지 못할 확률이 높을 것이다.

전위

감정이 무의식적으로 다른 대상에게 옮겨지는 것을 전위라 한다. 직장상사에 대한 분노가 퇴근 후에 집식구들에게 분출된다든지, 남편에 대한 분노가 남자 전체를 향한 분노로 바뀐다든지 하는 것이다. 때때로 집단적인 불만은 특정한 대상을 희생양으로 삼아 분출되는 경우도 있다.

프로이트는 아버지에게서 흔히 느끼는 외경, 존경, 사랑 같은 감정이 종교를 통해 신에게 돌려진다고 믿었다. 정신질환자를 치료하다 보면 반대의 경우도 볼 수 있다. 신에 대한 정열적인 헌신과 농밀한 애정이 애인에게로 옮겨지는 것이다. 그 경우에 두 사람의 관계는 마치 우상숭배와 같은 성격을 띤다. 이러한 관계는 대개 어느 정도 시간이 지나면 문제가 생기기 마련이다. 신이 모든 사람을 만족시킬 수 없듯이, 숭배의 대상이 된 사람도 모든 점에서 만족을 줄 수는 없기 때문이다.

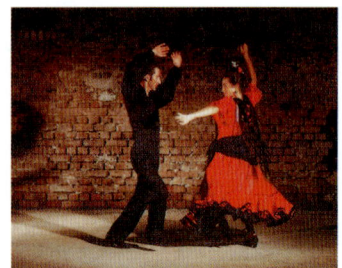

플라밍고는 승화의 훌륭한 예이다. 성적 충동은 춤을 통해 사회적으로 용인될 수 있는 형태로 분출된다.

승화

섹스, 공격성, 호기심 같은 근본적 충동을 사회적으로 받아들일 수 있는 형태로 바꾸어 표현하는 것을 승화라고 한다. 승화된 형태의 그러한 근본적 충동은 사회의 어떤 영역에서는 미덕으로 여겨지기도 한다. 가령 성적 사랑은 이웃에 대한 사랑으로 승화되거나 미술, 음악, 문학의 창조적 충동으로 변형될 수 있다. 신체를 자르는 것은 공격적 기술을 요한다. 정육점 주인이나 외과의사는 공격적인 충동을 인류의 행복에 도움이 되는 방향으로 승화시켰다고 볼 수 있다. 또 학문은 호기심의 승화라고 할 수 있다.

폭력을 행사하는 사람과의 동일시

동일시는 폭력과 학대의 희생자들에게서 나타나는 이해할 수 없는 현상 뒤에 숨어있는 방어기제의 형태이다. 보통 폭력과 학대의 희생자들은 죄의식을 갖고 있다. 그것은 폭력을 휘두르는 사람과 자신을 동일시함으로서 일어난다. 아마도 그러한 방법으로 폭력의 희생자는 무의식 속에서 자신을 수동적 위치에서 능동적 위치로 바꾸어 놓는 것 같다. 능동적 위치가 수동적 위치보다 견디기 쉽기 때문이다. 어릴 때 맞고 자란 아이는 어른이 되어서 자신의 아이들을 때릴 확률이 높다는 것을 보여주는 연구결과도 있다. 자신이 '위로부터' 받아온 폭력을 다시 다른 사람에게 가하는 경우에서 우리는 가해자에 대항하기보다는 가해자와 자신을 동일시하는 현상을 볼 수 있다.

정신병적 방어

많은 심리학자들은 방어기제들이 원초적인 것에서 성숙한 것으로 진행하는 연속적인 스펙트럼 위에 있는 것으로 판단한다. 어떤 방어기제가 원초적인 것인가 성숙한 것인가를 판단하는 기준은 현실과의 연관성이다. 이 스펙트럼의 가장 아래쪽에 있는 두 개의 방어기제는 정신분열과 투사적 동일시이다. 이 방어기제들은 정신병적 방어기제라고도 불리며, 독특한 방법으로 현실과 연관이 되어있다.

우리의 무의식 속에 저장될 수 없는 경험과 감정도 있다. 정신분열증의 경우처럼 무의식이 감당할 수 없기 때문일 수도 있고, 너무

투사적 동일시. 그림의 병과
같이 감정은 분리되어 다른
사람에게 이식될 수 있다.

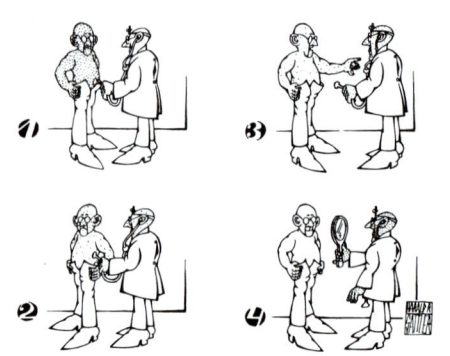

고통스러워 저장이 불가능하기 때문일 수도 있다. 달리 말하면 이런
경험과 감정은 우리의 무의식이 소화하기에는 너무 강한 것이다.

극단적인 공포, 형용할 수 없는 분노, 아주 심각한 절망, 견딜 수
없는 욕구는 자신에게서 분리되어 다른 사람에게로 옮겨진다. 그러
면 이러한 감정을 더 이상 느끼지 못하게 된다. 이 감정들은 다른 사
람에게로 이식된 셈이다.

스트레스의 순위

결혼행진곡이 울려 퍼지고 한 쌍의 남녀가 단상으로 향한다. 신부
의 얼굴은 밝게 빛난다. 이때 신랑이 넘어진다. 실제로 결혼식은 많
은 사람들에게 스트레스이다. 그것이 긍정적 스트레스이건 부정적
스트레스이건 간에 말이다. 미국의 심리학자 T. H. 홈즈(Holms)와
R. H. 라헤(Rahe)는 사람들이 인생에서 겪는 커다란 변화를 어떻게
받아들이는가를 조사하였다. 그들은 스트레스를 일으키는 원인이
무엇인가를 알아내기 위해 수천 명에게 설문지를 돌렸고 수많은 임
상보고서를 읽었다. 조사의 결과는 놀라운 것이었다. 대부분의 사
람들이 결혼식을 스트레스로 느꼈다. 홈즈와 라헤는 결혼식에 50이
라는 자의적인 수치를 주고 출신과 나이가 다양한 4백 명의 남녀(결
혼한 사람들, 이혼한 사람들, 결혼하지 않은 싱글들, 미망인들)에게 결혼식

을 삶의 다른 사건들과 비교하게 하였다. 질문은 다음과 같은 식으로 주어졌다. '병에 걸리는 것은 결혼과 비교하여 감당하기 쉬운가 어려운가?', '결혼과 비교할 때 그것에 적응하는 데는 시간이 오래 걸리는가 짧게 걸리는가?' 등. 그리고 응답의 결과를 컴퓨터로 계산하기 위해 점수로 응답을 하게 하였다. 그 수치를 컴퓨터에 넣어 계산한 결과가 홈즈와 라헤의 사회 재조정 평가표이다.

스트레스는 병이다

스트레스하면 금방 떠오르는 것이 과도한 업무일 것이다. 그러나 할 일이 너무 없어도 스트레스를 받는다. 지루함이 얼마나 견디기 힘든지 우리 모두는 알고 있다. 계속되는 평가와 긴장은 건강에 좋지 않다. 스트레스의 수치가 1년 안에 200-300 사이로 높아질 경우, 스트레스에 노출된 사람의 50% 이상이 이듬해에 병이 났다. 스트레스 수치가 300에 있을 경우, 100명 중 79명이 심각한 질병에 걸리거나 사망하였다.

아내를 잃은 4천5백 명의 영국인을 아내의 사망 후 6개월 간 관찰하였다. 홀아비가 된 영국인들은 눈에 띄게 높은 발병률과 우울증 외에도 보통 남성들보다 40%가 높은 사망률을 보였다.

스트레스는 심리적, 생리적 반응을 불러일으킨다. 심리적 반응으로는 불안, 분노, 공격성, 무감각, 우울, 그리고 사고, 판단, 기억 같은 인식능

스트레스 일림표

사건	스트레스 점수
남편이나 아내의 사망	100
이혼	73
교도소에 수감됨	63
가까운 친척의 사망	63
사고, 부상, 질병	53
결혼	50
해고	47
아내나 남편과의 화해	45
정년퇴직	45
임신	40
성적 트러블	39
가족의 증가	39
직장에서의 변화	39
재산의 변화	38
친한 친구의 사망	37
이직	36
빚의 증가	31
대출금 만기	30
아이들의 독립	29
이웃과의 다툼	29
급작스런 성공	28
입학, 졸업	26
생활수준의 변화	25
개인적 습관의 변화	24
직장상사와의 갈등	23
노동시간, 노동조건의 변화	20
이사	20
전학	20
여가활동의 변화	19
사회적 활동의 변화	18
취침습관의 변화	16
식사습관의 변화	15
휴가	13
크리스마스	12
사소한 위법행위	11

우리의 삶에서 스트레스는
직장에서만 받는 것이 아니라
어느 곳에서도 받을 수 있다.

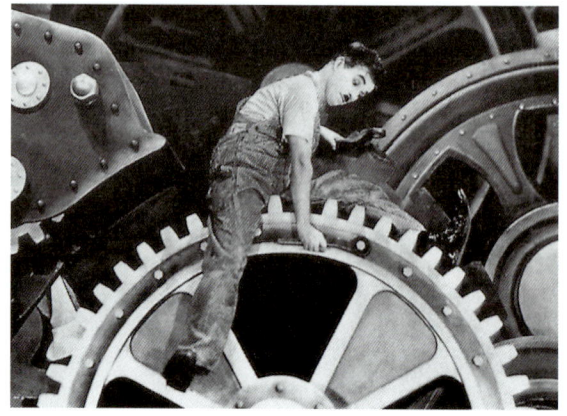

력의 저하를 들 수 있다. 생리적 반응으로는 신진대사의 상승, 심장
박동수의 증가, 동공의 확장, 혈압의 상승, 호흡수의 증가, 근육의
긴장, 호르몬과 엔돌핀의 과도한 방출, 간으로부터 당의 과도한 방
출 등을 들 수 있다.

이러한 생리적, 심리적 반응은 함께 작용하여 건강을 해치게 되
고 심장병, 면역력의 저하와 같은 질병을 일으킬 수 있다. 면역력이
저하된다는 것은 감기 같은 감염 질병이나 알레르기, 그리고 류머
티즘이나 당뇨병 같은 자가 면역질환, 혹은 암에 걸릴 수 있는 확률
이 높아짐을 의미한다.

스트레스가 쌓이면 병에 걸릴
확률도 높다. 도표는
스트레스와 감기의 상관관계를
보여준다.

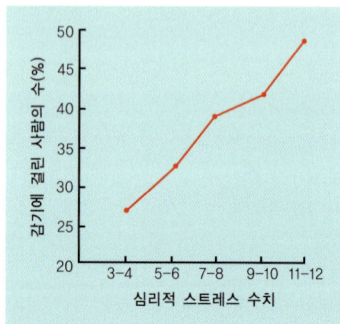

스트레스와 성격

1950년대에 의사들은 관상동맥성 심장질환자들
대부분이 비슷한 행동양식을 보인다는 것을 발견
했다. 관상동맥성 심장질환자들은 극단적으로 명
예를 중시했고, 성공 지향적이었으며, 항상 바쁘
고, 도무지 쉴 줄을 모르며, 기다려야 하는 것을 참
지 못했고, 무능력한 사람들을 보면 화를 내었다.

그 밖에도 스트레스를 받기 쉬운 사람들이 보이

는 또 다른 전형적인 행동양식들이 있다.

- 두 가지 일을 동시에 생각하거나 처리한다.
- 더 짧은 시간에 점점 더 많은 일을 하려고 한다.
- 환경이나 삶의 아름다운 일들에 대해 관심이 없다.
- 다른 사람이 말할 기회를 안 준다.
- 기다리는 것을 극도로 참지 못한다.
- 성공할 만한 일은 스스로 해야만 직성이 풀린다.
- 말을 폭발적으로 쏟아내며 욕을 자주 한다.
- 제시간에 맞추는 것을 중요하게 생각한다.
- 아무것도 하지 않고 가만히 앉아 있질 못한다.
- 모든 게임에서 이겨야 직성이 풀린다. 아이들과의 게임이라도.
- 자신의 성공과 다른 사람의 성공을 수시로 수치로 환산해 비교한다.
- 자신이 더 잘할 수 있다고 생각하는 일을 다른 사람이 하고 있을 때, 가만히 지켜보지를 못한다.
- 눈을 자주 깜박거리고 눈썹을 자주 위로 치킨다.

긍정적 스트레스와 부정적 스트레스

앞에서 말한 결혼식의 경우에서 보듯이, 스트레스는 힘을 줄 수도 있고 압박감을 줄 수도 있다. 스트레스가 긍정적인가 부정적인가를 판별하는 5개의 요소로 만들어진 장미 문양을 '스트레스 장미'라고 부른다. 다섯 요소 모두 긍정적일 경우, 그 스트레스는 힘을 주는 스트레스이고 반대의 경우는 부정적 스트레스이다.

번아웃 신드롬은 특별한 형태의 스트레스라고 할 수 있다. 번아웃은 다 타버렸다는 뜻이다. 번아웃 증상은 수년이나 수십 년에 걸쳐 계속적인 스트레스에 노출됐을 경우에 발생한다.(50쪽 참조)

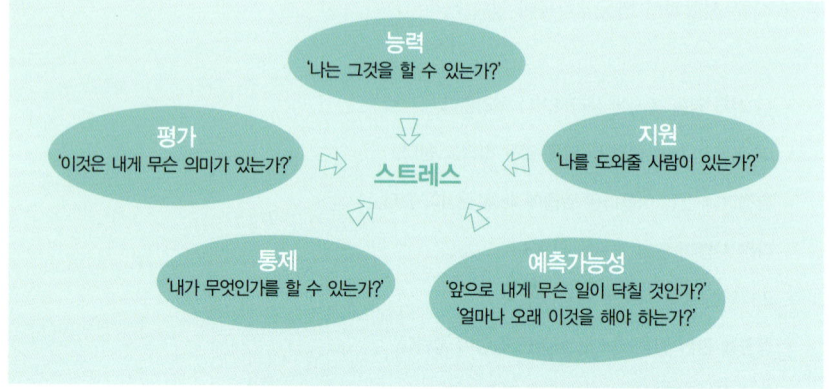

마음의 병

마음속 갈등이 커지면 신경증이나 정신병 같은 마음의 병이 나타나게 된다. 마음의 병은 여러 가지 방법으로 분류되는데 순전히 증상에 대한 묘사에 따른 DSM(Diagnostic and Statistical Manual of Mental Disorder) 분류나 ICD(International Classi-fication of Diseases) 분류가 있고, 정신역학적 관점에 따른 분류, 다시 말해 증상의 근저에 무엇이 있는가에 따른 분류가 있다. 정신역학적 분류를 거칠게 요약하면 이렇게 될 것이다.

- 신경증
- 정신병
- 성격장애

이러한 종류의 병들에 대해 자세히 알아보기 전에 정신을 건강하게 유지시켜 주는 것은 무엇인지 알아보는 것은 의미가 있다. 프로이트는 정신건강에 좋은 것은 '사랑과 일'이라고 생각했다. 도널드 위니코트는 '놀 수 있는 자세'가 중요하다고 보았고, 에이브러햄 매슬로우는 '자아의 실현'에 무게를 두었다. 분명하게 정의하는 것은 어려워 보인다. 그러나 대부분의 심리학자들이 동의하는 정신건강에 좋은 몇 가지 요소를 꼽는 일은 가능하다.

현실인식 : 외적 현실에 대한 인식과 평가가 여기에 속한다. 무엇보다도 다른 사람에 대한 평가가 여기에 포함되는데, 가령 어떤 사람이 적인가 아군인가 구분하는 능력을 말한다.

자신에 대한 평가 : 내적 현실을 인식하는 것도 똑같이 중요하다. 자신이 화가 났는지, 슬픈지, 피곤한지, 기분이 좋은지를 아는 것이다. 이것은 생각하기보다 그렇게 당연한 것은 아니다. "그렇게 화난 얼굴로 보지 마."라고 했을 때 "나 화 안 났어!"라고 짜증스럽게 대꾸하는 것을 안 겪어본 사람이 어디 있겠는가?

자기 규정 : 자신의 행동을 통제할 수 있는 능력을 말한다. 특히 (성적, 공격적) 충동과, 자발성과 일치 사이에서 선택할 수 있는 다양한 형태의 행동을 통제할 수 있어야 한다.

자신감 : 정신적으로 건강한 사람은 호의와 유머를 가지고 자신과 다른 사람들을 인정하고 받아들일 수 있다. 그리고 자신의 약점이나 결점을 저주함이 없이 스스로 인정하고 남들에게도 밝힐 수 있다. 이런 사람들은 다른 사람들의 칭찬을 받아들여 그것을 즐길 줄 알고, 다른 사람을 칭찬할 줄도 안다. 또 건방져 보이지 않으면서 자신을 자랑스러워할 줄 안다.

창조성은 정신건강에 도움이 된다. 자신의 직업에서 커다란 만족을 얻는 사람들이 오래 사는 것은 우연이 아니다.

감정적 관계 : 다른 사람들과 적당한 거리를 유지할 수 있는 능력을 말한다. 자신의 욕구뿐만 아니라 다른 사람의 욕구도 존중할 줄 안다.

창조성 : 정신적으로 건강한 사람은 자신의 능력을 펼치려 하고, 새로운 것을 시도하며, 자신이 하고 있는 일에서 싫증보다는 기쁨을 느낀다.

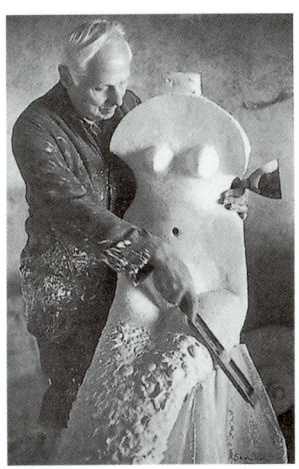

책임감 : 자신과 다른 사람을 보살피며 양심을 가지고 행동함을 말한다. 여기서 양심이란 심리학의 용어로 설

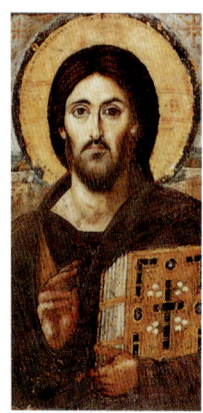

종교가 정신건강에 도움이 되는가에 대해서는 논란이 있다. 그러나 일반적으로 종교는 정신건강에 긍정적 영향을 미친다.

명하자면, 초자아가 일관적이고 우호적이며 이상적 자아가 현실과 어느 정도 일치함을 의미한다.

  종교 : 종교가 정신건강에 도움이 되는가에 대해서는 논란이 많다. 여기에서 종교는 넓은 의미에서의 종교를 말하는 것으로 초월적 경험이나 삶에 대한 외경, 초월적 존재와의 관계를 모두 포함하는 개념이다. 전통적으로 과학적 심리학은 종교의 문제를 연구에서 배제시켜 왔다. 과학과 종교는 양립이 불가능하다고 믿었기 때문이다. 프로이트의 종교비판 이후로 종교는 신경증의 한 증상이라고 생각되었다. 최근에 들어와서야 비로소 종교의 '건강한' 측면이 정신분석주의자들이나 학습심리학자들에 의해 연구되고 있다. 병적인 형태의 종교도 분명히 존재하지만 기본적으로 종교는 정신적 건강과 긍정적인 연관성을 가지고 있다는 것이 이들의 결론이다.

  우리는 마음의 질병이나 장애를 살펴보면서 그 8가지 요소의 하나나 혹은 여러 개에 결함이 있다는 것을 보게 될 것이다.

신경증과 정신병

신경증과 정신병에는 근본적인 차이가 있다. 결정적인 요소는 현실과의 관계이다. 신경증을 앓고 있는 사람(누구나 때로 신경증을 앓을 수 있다)은 (외적, 내적) 현실과 제대로 소통을 하지 못한다. 신경증 환자들은 외적 현실의 요구와 내적 현실의 충동적 움직임에 시달린다. 이때의 주도적인 감정은 불안이다. 그에 따라서 방어기제도 강하게 작용한다. 때로 방어기제가 너무 강하게 작동하여 삶을 쉽게 만드는 것이 아니라 오히려 어렵게 만들기도 한다.

  정신병을 앓고 있는 사람은 현실을 제대로 인식하는 것 자체가 불가능하다. 정신병 환자들은 종종 환상과 현실을 구분하지 못한다. 환상과 현실이 뒤섞이면서 망상과 환각이 나타나게 된다. 때로는 망상의 내용이 아주 위대한 것('나는 예수 그리스도다')일 때도 있

고, 피해망상('누군가 나를 죽이려고 해')일 때도
있다. 누군가에게 조종되고 있다는 생각('외계
인이 뉴스를 통해 내게 메시지를 보내고 있다')도
흔히 나타나는 현상이다. 인격상실('나는 내가
아니다. 나는 죽었다')도 이러한 증상 중의 하나
이다. 정신병 환자는 극단적인 기분의 굴곡을
보이며, 때로 언어장애나 기억장애에 시달리
기도 한다.

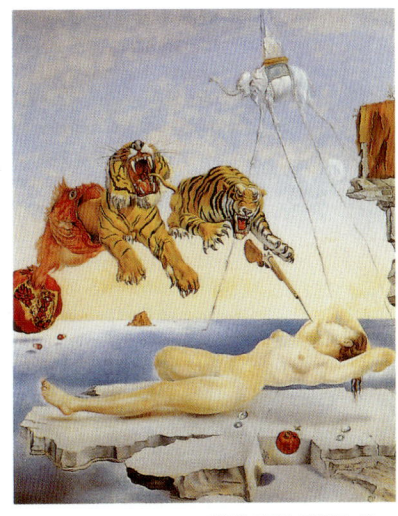

성격장애

성격장애는 아주 어릴 적부터 잠재되어 존재
하다가 스트레스가 심해지면 강화된 형태로 나타난다. 성격장애에
는 사람(예속성)이나 약물(술, 마약)에 병적으로 의존하는 것, 범죄행
위, 변태적 성행위(이것은 관점과 시대적 유행의 문제이기도 하다), 자신
감의 상실(극단적인 열등감), 경계선 장애 등이 있다. 경계선 장애는
갑작스런 기분의 변화나 인간관계의 단절, 파괴적인 공격성 분출
시에도 비교적 정상적으로 행동하는 것을 말한다.

망상은 거짓된 지각이다. 꿈
없는 꿈이라고도 할 수 있다.
망상을 가진 사람은 목소리를
듣고, 얼굴을 보며, 이상한
광경을 목격하고, 냄새를 맡고,
맛도 본다. 망상은 때로
피해망상으로 발전된다. '내게
계속 욕을 하는 소리가 들리고
독가스 냄새가 나. 누가 나를
쫓아오는 것 같아.'

신경증

모든 신경증적 장애의 기저에는 불안이 있다. 불안은 방어기제에
의해 분출의 통로가 막히면서 다른 형태로 나타나게 된다. 불안은
감소시키지만 문제를 없애기보다는 오히려 문제를 더 키우는 행동
방식에 행동심리학은 관심을 기울인다. 강박적으로 손을 씻는 행동
은 불안을 감소시키기는 하지만 다른 사람들과의 관계에서나 직장
에서는 문제가 될 수 있다. 정신역학적 성향의 심리학자들은 신경
증적 행동을 원본능의 (대개 성적, 공격적) 충동, 그리고 자아와 초자
아의 제어 사이의 타협으로 본다. 강박적인 손 씻기는 무의식적인

불결한 소망과 금지가 서로 타협하여 죄를 상징적으로 씻어내는 행위로 이해할 수 있다. 흔히 나타나는 신경증의 유형을 간단하게 살펴보기로 하자.

불안장애

불안장애를 겪는 사람은 항상 불안을 느낀다. 불안에는 대개 특별한 이유가 없다. 불안하기는 하지만 무엇 때문에 불안한지는 모르는 것이다. 때로 불안은 구체적인 두려움과 연관되기도 한다. 미래에 대한 불안, 가난에 대한 불안, 암에 대한 불안, 결정에 대한 불안 등이 그러한 것이다. 꽤 흔히 나타나는 불안은 불안에 대한 불안이다. 대부분의 사람들에게 이러한 불안은 친숙한 것이다. 그러나 불안이 사적인 삶과 가정, 일을 지배하게 될 경우에 이것은 불안장애라고 볼 수 있다. 다음의 목록에서 볼 수 있듯이 불안장애의 증상은 누구에게나 일어날 수 있다. 이 증상이 장애인가 아닌가는 불안의 강도와 횟수에 달려있다. 목록에 나타난 수치는 불안장애 환자와 환자가 아닌 사람들(통제집단) 중 증상을 느끼는 인원을 퍼센트로 표시한 것이다.

불안은 대부분의 사람들에게 익숙한 것이다. 불안이 삶을 지배할 때, 비로소 불안은 장애가 된다.

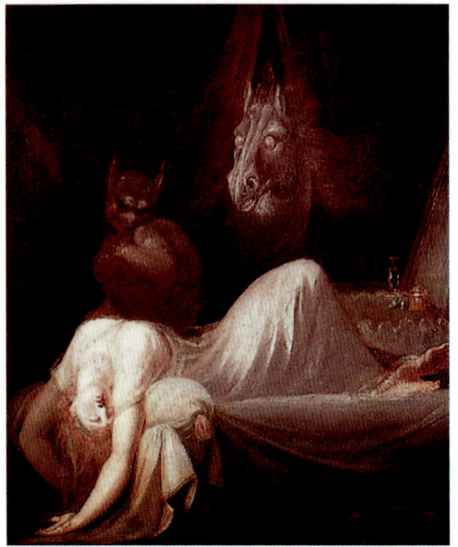

강박장애

강박신경증이란 원하지 않는데도 어떤 생각이 자꾸 떠오르거나, 하고 싶지 않아도 어떤 행동을 하지 않으면 불안하기 때문에 그 행동을 해야만 하는 증상을 말한다. 누구나 어느 정도는 강박관념을 가져본 적이 있을 것이다. 가령 휴가를 떠나면서 '가스 밸브는 제대로 잠그고

증상	환자	비환자
심장의 두근거림	97	9
피로감	95	19
숨이 참	90	13
초조감	88	27
가슴의 통증	85	10
한숨	79	16
어지러움	78	16
실신	70	12
긴장	61	3
두통	58	26

나왔나? 라는 생각이 사라지지 않았던 경험이라든가, 무엇을 할 때 행운을 빌기 위해 자기만의 독특한 행동을 하는 경우도 있을 것이다. 그러나 이러한 행동들은 일상적인 삶을 방해할 정도는 아니다.

강박관념은 때로 공격적이거나 성적인 내용을 담고 있는 경우가 있다. 자신의 성기를 공공장소에서 드러내고 싶다거나, 엄숙한 분위기의 미사 중에 욕을 하고 싶은 욕구에 시달리는 젊은이도 있고, 아기를 욕조에서 익사시키는 광경이 머릿속에서 사라지지 않아 괴로워하는 엄마도 있다. 이러한 생각들이 실제로 행동으로 옮겨지는 것은 아니지만 불안감은 심각한 수준인 것이다.

강박행동에는 침대에서 내려올 때 오른발을 먼저 딛는다든지 일을 하기 전에는 꼭 책상을 정리한다든지 하는 사소한 미신적 행동에서부터 문이 모두 제대로 잠겨있는지 세 번씩이나 확인한다거나 몸에 안 좋은 박테리아를 씻어내기 위해 여러 번 샤워를 한다든지 하는 몇 시간에 걸친 강박적 행동, 또는 모든 음식은 펄펄 끓여야만 먹는 강박증까지 여러 가지가 있다.

강박관념과 강박행동은 의식으로 침입한 충동을 통제하려는 시도라고 볼 수 있다.

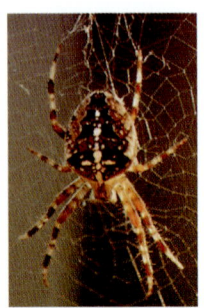

거미는 특히 여성들에게 공포의
대상이다.

공포증

불안장애와는 달리 공포증은 구체적인 대상과 연관되어 있다. 공포
증을 가지고 있는 사람은 실제로 그렇게 위험하지 않은 대상을 보고
도 두려움을 느낄 수 있다. 우리가 살고 있는 지역에서 거미는 그렇
게 위험한 동물이 아니다. 그러나 거미공포증을 가진 사람에게 거
미는 심장박동수가 치솟고 진땀이 나게 하는 대상이다. 대부분의
사람들은 공포를 느끼는 대상을 가지고 있다. 사람들에게 공포를
주는 대상 중 흔히 거론되는 7가지는 뱀, 높은 곳, 천둥번개, 의사,
질병, 사고, 죽음이다.

재미있는 사실은 나이가 들면서 공포의 대상도 달라진다는 것이
다. 나이가 들면 공포의 강도도 또한 감소한다.

공포증은 대상과 상황에 한정되어 있으므로 대부분의 경우에 그
러한 대상과 상황을 피하기만 하면 크게 문제될 것은 없다. 그러나
어떤 경우에는 삶에 커다란 제약이 되기도 한다. 가령 광장공포증
을 가진 사람은 집 밖을 나가지 못하고, 폐쇄공포증을 가진 사람은
폐쇄된 공간에 들어가질 못한다.

전환장애

전환장애에서는 심리적 갈등이 몸으로 표출된다. 전환장애를 요즈
음은 신체형 장애라고도 한다. 전환장애에서는 몸이 아프지만 그
원인을 밝혀낼 수가 없다. 전환장애의 증상들로는 기절, 시각장애,
마비, 손 떨림, 연하(嚥下,삼키기) 곤란, 국부 마비, 심인성 구토, 가상
임신, 복통, 관절통 등이 있다.

학자들은 육체가 이러한 방식을 통해 금지된 소망을 '상징적으
로' 표현하고 있다고 추측한다. 금지된 무언가를 만지고 싶다는 소
망은 전환장애적 원인의 손 마비를 일으키고, 어떠한 관계에서 도
망치고 싶다는 소망은 발의 마비를 가져온다는 것이다. 또한 이루

어지지 않은 사랑은 심장의 통증으로 전환되고, 오럴섹스를 하고
싶다는 욕망을 금지된 것으로 받아들일 경우 심인성 연하곤란이나
심인성 구토를 일으킨다고 한다.

신경증적 우울증 혹은 반응성 우울증

요즈음 들어 우울증은 국가적 질병이 되어버린 것 같다. 우울증이
상실감에 대한 반응으로 나타날 때, 이것을 신경증적 우울증이라고
한다. 신경증적 우울증의 증상은 절망감, 자포자기, 무관심, 무기
력, 비자발성, 능력부족에 대한 느낌, 열등감, 공허감 등 여러 가지
로 나타난다. 애도의 슬픔과 우울증은 종종 혼동되어 받아들여진
다. 애도는 상실감을 극복하는 건강한 과정이다. 건강한 애도의 슬
픔과 신경증적 우울증의 차이는 기간이다. 건강한 애도의 기간이
얼마인가에 대한 논란이 없는 것은 아니다. 옛날에는 1년이 공식적
으로 인정된 건강한 애도기간이었다. 애도의 슬픔이 1년을 넘어가
면 건강에 위험한 것으로 생각되었다. 요즈음에는 애도의 기간을
훨씬 짧게 잡는다. 이것은 때로 합당하지 못한 경우가 있다. 심각한
상실감을 극복하는 데에는 2년, 3년 혹은 4년이 걸릴 수도 있다. 애
도의 과정이 방해를 받거나 중단될 때('살 사람은 살아야지' 하는 위로)
에는 슬픔이 우울증으로 발전될 수 있다. 애도의 슬픔과 우울증의
차이는 감정의 질에서도 나타난다. 건강한 슬픔에서는 슬픔 · 고

우울증은 때로 슬픔을
대신한다. 또한 우울증은
비탄에서 자신을 보호하는
수단이 되기도 한다.
비탄에 빠질 이유가
보이지 않을 때도 있다.
그러나 죽음이나 이별을 통한
사람의 상실만이 비탄의
이유는 아니다. 자신이
애착을 가지고 있던
모든 것이 비탄의 대상이
될 수 있다. 건강, 젊음,
아름다움, 활동성, 치아,
성적 능력, 돈, 고향, 자신만의
공간(양로원으로 들어갈 경우),
애완동물, 성공에 대한 꿈,
나이가 들면 현명해지리라는
생각 등이 모두 비탄의
대상이 될 수 있다.

독 · 분노 · 승리감 · 죄책감 · 그리움
같은 격렬한 감정이 나타나는 반면,
우울증의 특징적 증상은 무감정이다.
우울증에 걸린 사람은 아무것도 느끼
지 못한다. 슬픔도 없고 기쁨도 없다.
우울증 환자는 웃지도 울지도 않는다.
마치 속이 텅 빈 사람처럼 고통스런

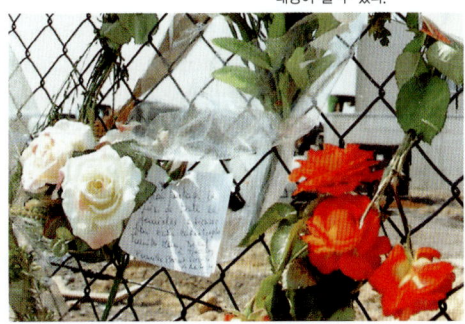

공허감만을 느낄 뿐이다. 애도의 슬픔이 너무 고통스럽거나 애도 자체가 금지되었을 경우, 고통에서 자신을 보호하기 위해 일시적으로 우울증에서 나타나는 공허감이 생기기도 한다. 우울증이 다시 사라지면 슬픔이 그 자리를 대신하면서 점차 상실감을 극복해 나가게 된다. 어느 정도는 우울증이 슬픔의 고통을 막아주는 역할을 한다고 볼 수 있다.

정신병 : 우울증과 정신분열

정신병적 우울증은 정서장애라고도 불린다. 이 병을 앓는 사람들은 정서적으로 문제가 있고, 기분이 극단을 오간다. 보통 조증(躁症)과 울증(鬱症)이 번갈아 나타나는데, 그 때문에 이 병을 양극성 조울증이라고도 한다. 신경증적 우울증과는 달리 심각한 형태의 이러한 우울증을 내인성(內因性) 우울증이라고 부르며 생리적, 생화학적 과정이 이 병에서 중요한 역할을 하는 것으로 보고 있다.

정신병적 우울증에 걸린 사람은 조증의 상태에서는 꽤 오랫동안 활동적이고 때때로 창조적이다. 또한 기분이 고조되어 있고, 지칠 줄을 모르고, 쉬지를 않으며, 가만히 있지를 못하고, 때론 비현실적이고 황당한 과대망상에 빠져있다.

울증의 상태에서는 그 반대의 행동이 나타난다. 몸을 움직이기 싫어하고, 생각이 맑지 않으며, 열등감에 빠지고, 사람들과의 만남을 피하며, 잘 먹지도 않고, 죄책감과 삶의 무가치함에 시달린다. 자살에 대한 생각도 이때 많이 한다.

양극성 조울증에서 조증과 울증은 번갈아가며 나타난다. 조증과 울증 사이에 '정상적'이고 안정적인 심리상태의 기간이 어느 정도 지속되기도 한다.

정서장애의 두 번째 큰 병은 정신분열증이다. 정신분열증에서는 왜곡된 현실인식, 사회적 접촉의 회피, 사고의 혼란, 망상과 환상 같

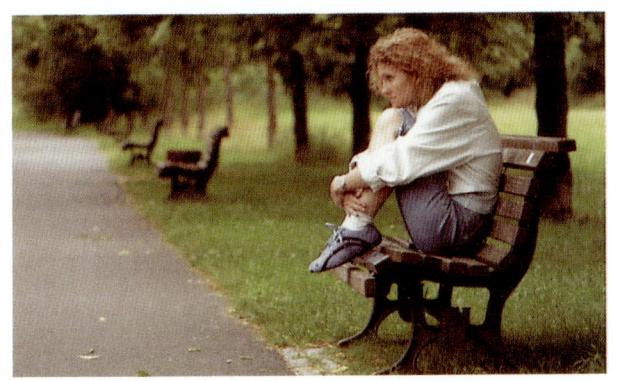

대인접촉 기피와 열등감은
우울증과 함께 나타나는
전형적인 증상이다.

은 증상이 나타난다. 감각은 '평면적' 이고 때때로 감정의 폭발로 인
해 지각과정이 중단되기도 한다. 우울과 불안도 함께 나타나며, 대
인접촉에서 패닉 상태에 빠지기도 하고, 이상하게 낯선 경험하기도
한다. 정신분열증 환자는 자신을 자신의 옆에 서있는 타인처럼 낯
설게 느낀다. 주위의 환경도 무채색으로 차갑게 느껴진다. 익숙한
환경이 낯설게 느껴지는 것이다. 피해망상과 추적망상에 시달리기
도 하며, 미치는 것은 아닐까 불안해 한다. 정신분열증 환자는 자기
자신을 지키기 위해 끊임없이 도망을 친다.

성격장애

성격장애는 성격신경증이라고도 불린다. 성격장애는 자신에 대한
기본적 태도와 다른 사람들과의 관계, 삶과 세상에 대한 태도에서
문제가 있다. 성격장애 환자에게 다른 사람들과의 관계나 세상은
자신에게 피해를 입히는 대상으로 생각된다. 그러므로 당연히 사회
적 관계나 삶에서 문제가 생길 수밖에 없다.

　성격신경증은 정도가 심하지 않은 성격장애에 사용되는 경향이
있다. 성격신경증 환자는 상황에 맞지 않는 행동으로 자기 자신, 그
리고 다른 사람과 갈등을 일으킨다. 성격장애는 손상된 자아를 가
진 심각한 상태를 지칭하는 개념으로 사용된다.

153

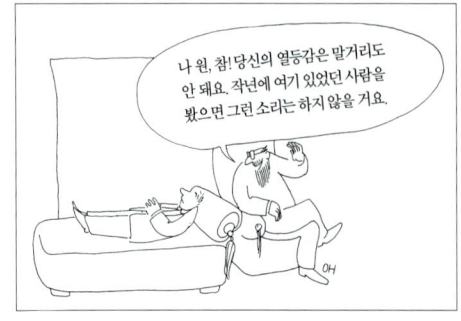

나 원, 참! 당신의 열등감은 말거리도 안 돼요. 작년에 여기 있었던 사람을 봤으면 그런 소리는 하지 않을 거요.

성격장애 중 가장 흔히 나타나는 것은 나르시스적 성격장애이다. 나르시스는 그리스의 신화에 나오는 청년으로 물에 비친 자신의 모습에 반했다는 인물이다. 이것과 짝을 이루는 것이 다른 대상에 대한 사랑이다. 자아심리학은 다른 대상에 대한 사랑과 더불어 자신에 대한 사랑이 중요함을 밝혀냈다. 정신병리학적인 의미에서 나르시시즘은 자신에 대한 사랑과 자신에 대한 감정에 장애가 있다는 뜻이다. 나르시스적 성격장애가 심해지면 자살이 일어나기도 한다. 실제로 자살은 나르시스적 위기로 볼 수 있다. 자기가 자신을 파괴하는 것인 까닭이다. 자아 파괴의 순화된 형태는 자기 비하이다.

성격장애에서 자신에 대한 평가는 비현실적으로 높거나 비현실적으로 낮다. 그리고 그 평가는 금방 바뀔 수 있다. 성공을 거두었을 때 자신은 아주 위대한 사람이고 실패했을 때는 아주 형편없는 인간이 된다. 부서지기 쉬운 자신감을 북돋아주기 위해 성공, 명예, 개성에 대한 집착이 아주 강하다. 감수성도 아주 예민하다. 권력과 명예를 가진 대부분의 고위층의 사람들이 지위에 걸맞은 대접(인사를 받고 이름이 불리어지고 사진이 찍히는)을 받지 못했을 때 날카롭게 변하는 이유를 여기에서 알 수 있다. 성공과 명예가 결함이 있는 자아에 달려있는 데다가 성공과 명예는 보조적, 보상적 기능만을 수행하기 때문에 아주 사소한 자기 가치의 손상에도 극단적인 불안을 느끼게 되는 것이다. 성공과 명예는 건강한 자아의 표현일 수도 있고 건강한 자아의 대용물이 될 수도 있는 것이다. 성공과 명예에 상처를 받았을 때 어떻게 대응하는가에 따라 그 사람이 건강한 자아를 가지고 있는가 아닌가를 판단할 수 있다. 나르시스적 성격장애 환자의 대인관계에서 다른 사람들은 경탄과 복종으로서 자신의 자존심을 세

위주는 역할을 할 뿐이다. 다른 사람들에 대한 살아있는 따뜻한 관심은 나르시스적 성격장애 환자들에게서 찾아볼 수 없다.

경계선 성격장애

경계선 성격장애의 특징적 증상은 인식과 행동, 대인관계의 불안정이다. 경계선 성격장애를 가진 사람은 자아가 약하기 때문에 일관성이 없고, 변덕이 심하며, 충동적이고, 뒤죽박죽이다. 금방 하늘을 찌를 듯 환호를 지르다가도 곧 죽을 듯 침울해 하고, 괴상한 과대망상에 빠져있는가 하면, 심한 열등감에 시달린다. 경계선 성격장애 환자는 종종 자신의 주위에 있는 사람들에게 분노를 폭발시킨다.

다른 사람들과의 대인관계는 피상적이고 감정적 거리가 있다. 사람들은 이용의 대상이며 필요에 따라 사귈 뿐이다. 다른 사람들과의 결속이 없으므로 끊임없이 사람의 정을 그리워한다. 피상적인 대인관계의 보상을 성적인 관계에서 찾는 경우도 있다.

경계선 성격장애의 병리적 증상으로는 대인접촉 기피, 자신과 다른 사람에 대한 분노의 분출, 극단적인 불안, 공허함, 비현실화와 비인격화, 병에 대한 공포 혹은 강박관념 등이 있다. 그러나 경계선 성격장애 환자들은 정신분열증 같은 정신병을 가지고 있는 사람들과는 달리 현실에 대한 판단능력은 대체로 유지하는 편이다.

현재 실행되고 있는 심리치료의 종류는 셀 수도 없이 많다. 독일의 건강보험에서 인정해 주는 심리치료는 크게 두 가지가 있다.

정신분석에서 갈라져 나온 분석심리치료와 심층정신치료가 그 한 가지이다. 분석심리치료는 주당 2~3시간씩 총 300시간까지의 치료비를 의료보험에서 지급해 준다. 심층심리치료는 총 100시간까지 의료보험 처리가 가능하다. 심층심리치료는 보통 한 주에 한 시간의 치료가 행해진다.

또 한 가지는 행동심리치료로서 100시간까지 의료보험 혜택을 받을 수 있다.

분석심리치료는 정신질환의 증상은 심리적 갈등의 표현이라는 심리분석주의의 관점에 기반을 두고 있다. 어렸을 때의 인간관계에서 형성된 환자의 심리적 갈등은 환자에게서 정신치료사에게로 전이되어 전달된다. 전이는 무의식적으로 반복된다. 분석심리치료는 다음과 같은 과정으로 진행된다.

- 주당 3(±1)시간의 치료
- 환자는 소파에 눕는다. 심리치료사는 환자의 머리 뒤쪽에 앉는다.
- 기본적인 치료 방식은 자유연상법이다. 환자는 생각나는 것을 자유롭게 이야기한다. 정신분석가는 '잔잔히 떠 있는 주의력'을 가지고 환자의 말을 경청한다.
- 정리분석가는 객관성을 유지하도록 힘쓴다. 이야기의 흐름에 영향을 주거나 가치평가를 내리는 일을 철저히 경계한다.

- 정리분석가는 '해석'을 분석의 도구로 삼고, 전이를 통해 나타나는 연관성을 이해하려고 한다.
- 질병의 원인을 밝혀내어 치료하는 데 가장 중심이 되는 것은 전이와 저항분석(의식으로 떠오르는 것에 대한 환자의 저항)이다.

심층심리치료 혹은 정신역동치료는 정리분석주의의 성격 이론과 정신질환 이론에 기반을 두고 있다. 그러나 치료의 기술에서는 정신분석의 방법과는 아주 다른 고유한 방법을 발전시켰다. 치료에는 다음과 같은 여러 형태들이 존재한다.

- 심층심리 개별치료
- 동력학적 심리치료
- 상호작용 심리치료
- 표현예술 심리치료
- 지지(支持) 심층심리치료
- 심층심리 그룹치료
- 심층심리 부부(혹은 가족)치료

심층심리치료의 특별한 형태로는 다음과 같은 것들이 있다.

- 집중운동치료
- KB(정동심상)치료
- 운동치료
- 예술치료
- 음악치료

▶ 19세기 말에 정신병자를 움직이지 못하게 가두어두었던 상자.

▼ 정신병자를 묶어놓았던 의자.

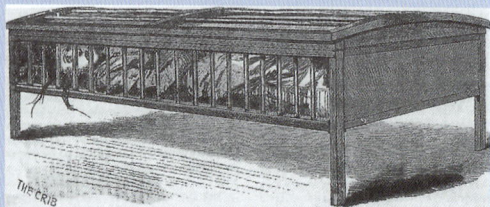

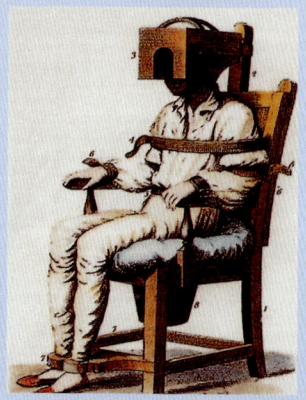

행동심리치료는 실험심리학과 학습 이론에 바탕을 둔 심리치료이다. 행동심리치료는 실험심리학과 학습 이론이 정상적 행동을 연구한 결과를 비정상적 행동의 관찰과 그 행동의 변화에 적용시킨다. 여기서 행동이란 외적으로 관찰 가능한 행동만을 의미하는 것이 아니라, 심리적 인식 혹은 객관적 측정이 가능한 인식적 · 감정적 · 생리적 작동과정을 의미한다. 행동심리치료에는 다음과 같은 것들이 있다.

체계적인 무감각화: 예를 들면 불안은 느긋함과 서로 병합할 수 없다. 몸에 긴장을 완전히 풀면 불안을 느끼는 것이 불가능하다. 체계적인 무감각화에서는 불안을 유발시키는 자극에도 긴장하지 않는 훈련을 한다.

자극범람법(flooding)과 내파(內破)치료: 이 치료는 감정(불안, 수치)이 과다하게 주어지면 그것을 느끼지 못하게 된다는 원칙에 기반을 둔 것이다. 괴테는 두려움을 느끼지 않을 때까지 계속해서 슈트라스부르그 대성당을 올라감으로써 고소공포증을 극복했다고 한다.

강화: 바람직한 행동(음식 섭취장애의 경우에 규칙적인 식사)을 했을 경우, 포상(환자가 특정한 체중에 도달하면 좀 더 편안한 조건을 준다든가 좀 더 많은 자유를 가지게 한다)을 함으로써 그 행동을 강화시키는 방법이다.

바이오피드백(biofeedback) 요법: 환자는 자신의 몸에서 기계로 전달되는 신호를 통해 몸의 반응(가령 긴장 풀기)을 스스로 조절하는 법을 배운다.

역할모델 학습요법: 역할모델이 되는 사람(가령 트레이너)의 행동을 보고 배운다. 이런 방법을 통해 자신감 같은 것을 배울 수 있다.

인식전환 요법: 인식과 사고방식을 바꾸는 방법이다. 가령 문제해결 방식을 변화시킨다든가 하는 것이다. 이러한 방법으로 비합리적 사고가 무엇이었는가가 드러난다.

자기통제 요법: 가장 알려진 것이 자기 훈련일 것이다. 자기 암시를 통해 스트레스와 정신신체 상관성 장애를 극복하는 데 사용된다.

그 밖의 치료법

대화를 통한 여러 가지 치료법도 있다. 이 치료법은 주로 상담치료에서 사용된다. 특히 칼 로저스에 의해 발전되어 일반적으로 대화심리치료라고 불리는 치료법이 여기에 해당된다. 프리츠 펄스(Fritz Perls)의 게슈탈트 치료법도 요즘 인기를 얻고 있다. 에릭 번(Eric Berne)의 상호교류분석도 정신분석에 기반을 두고 있다. 밀라노 학파의 영향을 받은 가족치료에서는 가족을 상호 작용하는 하나의 시스템으로 보고 치료를 한다.

효과적 치료법

질병과 사람이 모두 다양하므로 그것에 따라 치료법도 각각 다를 수밖에 없다. 치료에서 가장 중요한 것은 환자와 치료자 간의 상호 신뢰이다.

▼ 20세기 초반까지 정신병원에서는 환자를 대체로 가만히 내버려두었다.

▼ 2차대전 이후에 비로소 정신병 환자의 치료에 획기적인 변화가 시작되었다.

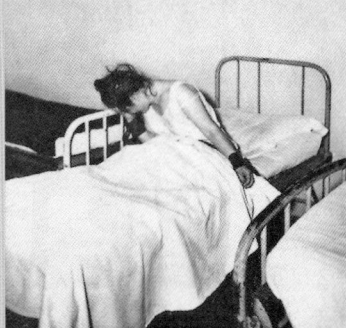

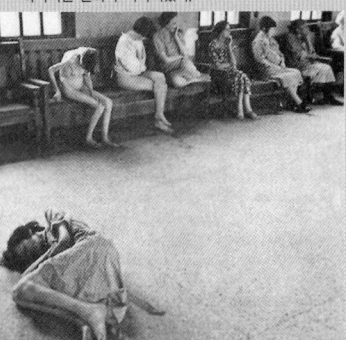

집단은 사람을 변하게 한다

근본귀인오류

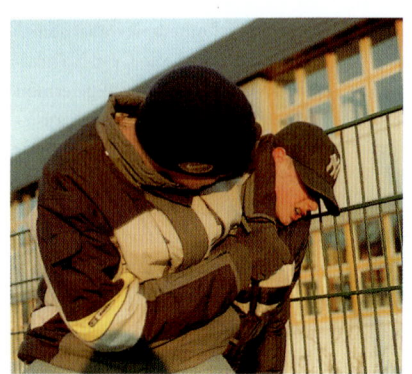

학교 폭력은 사회심리학의 변함없는 관심사 중 하나이다.

부모는 자신들의 아이가 아주 착한 아이라고 생각한다. 마음씨가 바르고 좋아 다른 사람들에게 친절하고 공손하다고 여긴다. 그러나 아이의 담임선생님과 면담을 하면서 이런 생각은 산산이 부서진다. 처음에는 선생님이 다른 아이의 이야기를 하는 줄 안다. 아이가 마치 숲의 토끼처럼 교실을 헤집고 다니고, 같은 반 친구들을 괴롭히며 선생님의 화를 돋운다는 것이다. 자신들의 아이가 맞는데, 학교에서는 왜 그렇게 다르게 행동하는 것일까?

아이에게 정신적인 문제가 있는 것일까? 가령 아이가 다중인격자라도 되는 것일까? 아니면 원래 나쁜 아이인데 집에서는 드러내지 않는 것일까? 아이가 음흉한 성격이라서 그런 것일까?

이러한 질문들을 사회심리학에서는 근본귀인오류라고 부른다. 근본귀인오류란 외적 환경의 작용이나 영향을 도외시한 채 관찰된 행동을 그 사람의 성격으로 설명하려는 태도를 말한다. 말썽꾸러기의 담임선생님은 이 사실을 잘 알고 있다. 왜냐하면 아이가 선생님과 단둘이 있을 때에는 부모님이 말한 그 모습을 보여주기 때문이다. 그런데 교실에 들어서기만 하면 변하는 것이다. 많은 아이들이 그렇다.

집단은 인간을 변하게 만든다. 좋은 쪽으로 변할 수도 있고, 나쁜 쪽으로 변할 수도 있다. 사회심리학은 바로 이러한 문제를 다룬다.

동일행동

1898년 어느 날, 자전거 경주의 관람석에 앉아 있던 심리학자 노먼 트리플리트(Norman Triplett)는 흥미로운 사실을 발견하게 되었다.

선수들이 혼자 달릴 때보다 같이 달릴 때 기록이 더 단축되었다. 다른 선수가 함께 있는 것이 모든 선수들의 기록에 긍정적인 영향을 준다고 트리플리트는 결론지었다. 간단히 말해서 남과 함께 하면 더 잘한다는 것이다. 이 현상을 트리플리트는 '동일행동'이라고 불렀다. 인간과 동물을 대상으로

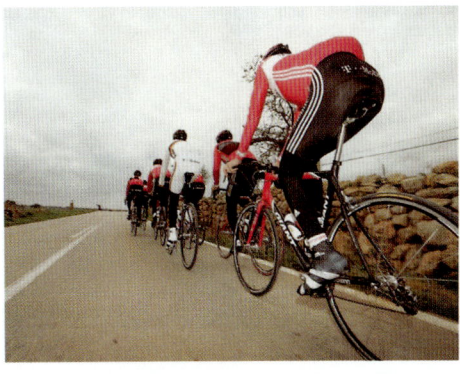

팀을 이루면 더 잘할 수 있다. 이것은 스포츠에만 국한된 것은 아니다.

한 여러 실험에서 동일행동이 효과적이라는 것이 밝혀졌다. 심지어 개미들도 동일행동을 통해 작업효율을 높이고 있다. 대학의 심리학과 학생들과 마찬가지로 개미들도 동일행동에서 3배의 능률을 보였다. 수동적인 관객의 존재만으로도 능력에 영향을 미친다.

정반대의 결과도 또한 존재한다. 관객은 능력의 발휘에 긍정적 영향뿐만 아니라 부정적 영향도 줄 수 있다. 관객의 존재는 집중력을 떨어뜨려 더 많은 실수를 하게 만드는 것이다. 60년대 중반, 241번의 관찰을 통해 동일행동을 다시 한 번 면밀히 조사했다. 그 결과, 다른 사람과 함께 하거나 보는 사람이 있을 때 간단한 일에는 효율이 높았지만 복잡한 일에는 오히려 효율이 더 낮아진다는 사실이 밝혀졌다.

탈개인화와 비인간화

트리플리트가 자전거 경주를 관람하고 있던 그 즈음, 프랑스의 귀스타브 르봉(Gustave LeBon)은 동일행동(여러 사람이 함께 무엇인가를 하는 것)의 부정적인 영향을 연구했다. 그는 자신의 저서 『대중 심리학』(1895)에서 집단은 항상 개인보다 똑똑치 못하다고 주장했다. 르봉은 특히 공격적이고 파괴적인 대중에 관심이 있었다. 그는 파괴적 충동을 사람들 속에 스며들어 그 사람들의 책임감을 파괴시키는

단체 속에서 개인의 책임의식은 사라진다. 사진에서와 같이 두건으로 탈개인화가 강화되면 공격적이 될 확률이 높아진다.

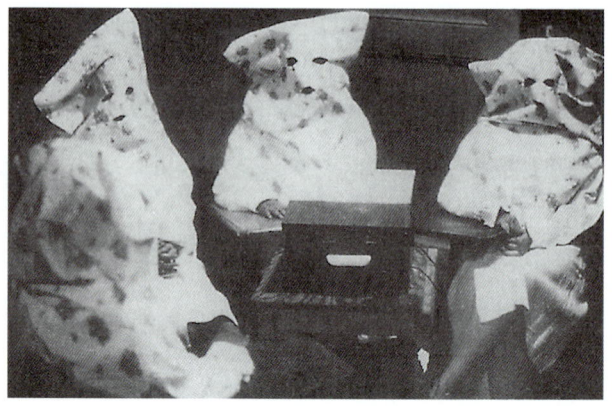

바이러스에 비교했다. 이러한 현상은 사회심리학에서 탈개인화라는 개념으로 정리되었다. 사회심리학에서는 집단 속에서 개인의 책임감이 사라진다는 탈개인화 현상에 대해 집중적인 토론이 이루어졌다. 인간을 탈개인화로 이끄는 가장 중요한 두 요소는 집단의 크기와 참가자의 익명성이다.

탈개인화에 대한 유명한 연구가 있다. 한 조에 네 명으로 이루어진 여성 참가자들에게 학습에 관한 실험을 하고 있다고 속이고 또 다른 여성에게 전기충격을 주라고 지시했다. 실험에 참가한 사람들의 반은 익명성을 강화하는 방법으로 탈개인화시켰다. 몸에는 헐렁한 실험 가운을 걸치게 하고 얼굴을 알아볼 수 없게 커다란 두건을 쓰게 하였다. 또한 개인의 이름을 부르지 않고 항상 집단으로 대우했다. 참가자들의 다른 반수는 개인으로 남아있게 했다. 자신의 옷을 그대로 입고 있게 했고, 커다란 이름표를 달게 했으며, 익명 그룹과는 달리 서로 자신을 소개하게 했다. 실험에 참가한 여성들의 앞에는 버튼이 놓여있고, 학습실험을 하고 있는 여성이 실수를 하면 버튼을 눌러 전기충격을 주게 되어있었다(실제로 전기가 통하게 되어 있지는 않았다). 실험의 결과, 탈개인화된 참가자들이 개인화된 참가자들보다 두 배나 많은 전기충격 버튼을 눌렀다.

결과가 너무 분명하면 과학자들은 의심을 하게 된다. 이 실험에 관해서도 그러했다. 참가 여성들이 KKK단과 비슷한 복장을 했기 때문에 그 옷이 전기충격을 주도록 공격성을 높인 것은 아닌가하는 의문이 제기되었다. 그리하여 여러 가지 복장으로 실험을 다시 해 보았다. 결과는 그리 분명하지가 않았다. 그런데 눈에 띄는 점이 있었다. 참가자들이 간호사 복장을 했을 때 자신의 옷을 그대로 입고 있었던 사람들보다 훨씬 적게 전기충격을 가했다. 이것으로 알 수 있는 것은 익명성이 자동으로 탈개인화를 일으켜 책임감을 감소시키는 것은 아니라는 것이다. 문제는 어떠한 유형의 익명성인가에 달려있고, 또한 그 유형과 연관된 사회적 규범이 중요하게 작용한다는 것이다. 축구 경기장에서의 훌리건은 공격적일 때 주목을 받고, 간호사는 환자의 아픔을 함께 느낄 수 있을 때 주목을 받는다. 훌리건과 간호사는 똑같이 유니폼을 통해 탈개인화되었지만, 서로 다른 사회적 규범의 영향을 받는 것이다.

방관자 효과

집단 속에 있으면 개인의 책임의식은 낮아진다. 방관자 효과라 불리는 현상은 이것이 사실임을 확인해 준다. 1964년에 일어난 한 사건은 미국 사회를 뒤흔들어놓았다. 미국의 언론은 '어떻게 이런 일이 있을 수 있는가?' 라고 물었다. 뉴욕의 한 젊은 여성이 사는 집에 강도가

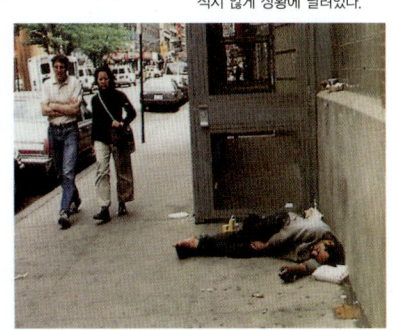

행인이 책임감을 느끼는가는 적지 않게 상황에 달려있다.

들어왔다. 그 여성은 30분이 넘게 필사적으로 싸웠다. 그러나 결과는 참혹했다. 그 여성은 결국 살해되고 만 것이다. 적어도 38명의 이웃은 그 여성이 도와달라고 외치는 소리를 들었다. 그러나 그 누구도 돕지 않았다. 심지어 경찰을 부른 사람도 없었다.

사람이 많으면 그중 한 사람이라도 도울 확

률이 높아진다고 많은 사람들이 생각할 것이다. 사실은 정반대이다. 다른 사람이 있으면 도우려는 마음이 약해진다. 50개 이상의 방관자 효과 연구가 이것을 증명하고 있다. 각 개인은 그 상황을 위기상황으로 인식하지 않거나('또 누가 술 취해 싸우는군'), '누군가 돕겠지' 하고 생각할 수도 있다. '다수의 무지'라는 현상이 있다. 누군가가 도와달라고 외치거나 땅바닥에 쓰러져 있어도 모두가 그것이 정상적인 것처럼 행동하거나 그것이 위기상황이 아닌 것처럼 행동하는 것을 말한다.

어떤 상황이 위기상황임이 분명할수록 도움을 줄 확률도 높아진다. '자연적인 환경'에서 실험을 하고자 뉴욕 지하철에서 한 남자가 쓰러지는 연기를 하였다. 남자에게서 술 냄새가 날 때보다 지팡이를 짚고 있을 때에 더 많은 사람들이 도와주었다.

긍정적인 소식도 있다. 한 사람이 도우면 금기가 풀린 듯 금방 여러 사람이 같이 돕는다.

복종의 여러 유형

애시의 동조 실험

모든 단체는 그 단체의 구성원들에게 같아지도록 압력을 가한다. 그 압력은 폭력이나 명령에 의해 이루어지는 것이 아니다. 단체가 같은 생각을 갖고 있다는 사실 자체가 개인이 다른 생각을 하는 것을 어렵게 만든다. 이것은 생각에 국한된 것만은 아니다. 솔로몬 애시(Solomon Asch, 1907-96)의 실험은 이러한 사실을 잘 보여주고 있다.

7명에서 10명의 참가자들로 이루어진 집단에게 간단한 관찰 과제를 주었다. 하나의 수직선을 다른 세 개의 수직선과 비교하여 어떤 것과 길이가 같은가를 말하는 것이었다. 참가자들에게는 사전에 이따금 명백하게 틀린 대답을 하도록 지시해 두었다. 그러고는 미리 지시를 받지 않은 한 참가자가 다수의 잘못된 판단 앞에서 어떻

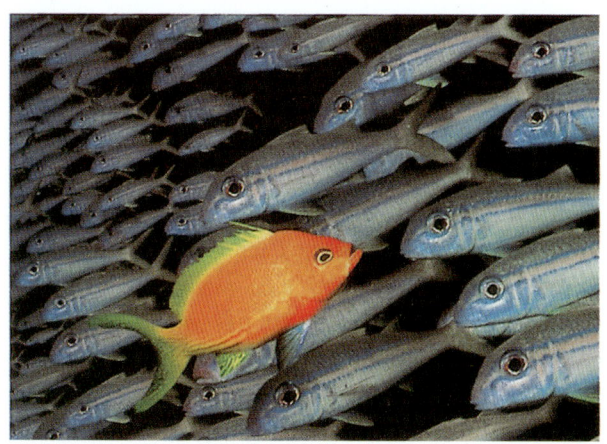

흐름을 거슬러 나가는 것에는 용기가 필요하다. 모든 집단은 구성원에게 같아지도록 압력을 행사하기 때문이다.

게 행동하는가를 관찰했다.

　그 결과, 옳은 답은 명백한 것이었음에도 지시를 받지 않은 참가자의 3분의 1이 다수의 잘못된 판단에 동조했다. 어떤 사람들은 자기가 잘못 보았나보다 하고 생각했고, 어떤 사람들은 자기가 미친 건 아닌가 하고까지 의심했다. 단체에 대한 동조현상은 단체의 인원이 3명일 때부터 나타난다.

　어떻게 단체에 대한 동조의 압력을 깨뜨릴 수 있을까? 비록 옳은 주장이 아니라 하더라도, 적어도 한 사람이 다수에 반기를 들 경우에 동조는 깨진다. 아마도 누구나 이런 경험을 해보았을 것이다. '이런 생각을 하는 것은 나 혼자뿐이겠지'라고 짐작하면서 다수와 다른 견해를 피력했을 때, 다른 사람도 "나도 그렇게 생각해!", "나도 같은 생각이야!"라고 맞장구를 쳐오는 것이다.

　단체의 압력에 저항하는 것이 왜 그리 힘든 것일까? 아웃사이더가 된다는 것, 단체의 눈 밖에 난다는 것, 단체의 앞에서 자신을 조롱거리로 만든다는 것은 마음에 상처를 입는다는 것을 의미한다. 우리 자신에 대한 평가는 대부분 자신을 받아들이는 집단에 속하는 것에 달려있다. 아웃사이더, 모난 사람, 싸움꾼은 누구나 좋아하지 않는다.

밀그램의 실험

스탠리 밀그램(Stanley Milgram, 1933-84)의 실험은 아마도 사회심리학 역사 상 가장 유명하고도 중요한 실험일 것이다. 미국 사회와 심리학자들은 2차대전과 홀로코스트 후에 어떻게 인간으로 하여금 다른 인간을 체계적으로 괴롭히고 그리고 죽이도록 만들 수 있는가라는 문제에 관심을 기울였다. '짐승 같은 놈들이기 때문이다'라는 답은 근본귀인오류에 속할 것이다. 가까이에서 살펴보면 대부분의 나치 지도자들은 피에 굶주린 괴물이라기보다는 성실한 관료에 가까웠다. 한나 아렌트(Hannah Arendt)는 아돌프 아이히만(Adolf Eichmann)은 평균적 시민이었다고 쓰고 있다. 아이히만은 상부의 명령을 받아 유태인의 말살 계획을 추진했지만, 유태인 애인을 숨겨두고 있었고 유태인 친척도 있었다. 전쟁 동안 그는 이 유태인 친척을 보호해 주었다. 아이히만은 유태인들을 독자적인 지역에 이주하게 하는 것이 가장 좋다는 생각을 가지고 있었다. 평범하고 모범적인 사람이 특정한 조건에서는 범죄자가 될 수도 있다. 그 조건이란 대체 어떠한 것인가?

밀그램의 실험은 바로 이것을 알아내기 위한 것이었다. 그는 기억력 실험에 참가하면 돈을 준다는 신문광고를 내어 '정상적'인 남

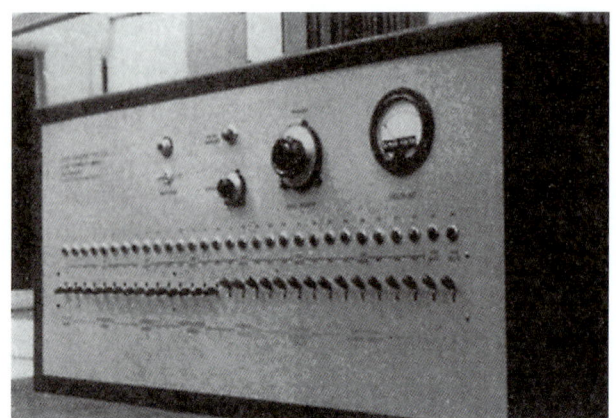

전기충격 공급기는 밀그램의
실험에서 중요한 요소로
작용한다.

성들과 여성들을 모집했다. 광고를 보
고 찾아온 사람들에게 실험실에서 다른
한 참가자(실험의 일원)를 소개했다. 참가
자들에게 한 사람은 그 실험에서 교사의
역할을 맡고 다른 사람은 학생의 역할을
하게 된다고 설명해 주었다. 누가 어떤
역할을 맡을 것인가는 제비를 뽑아 정하

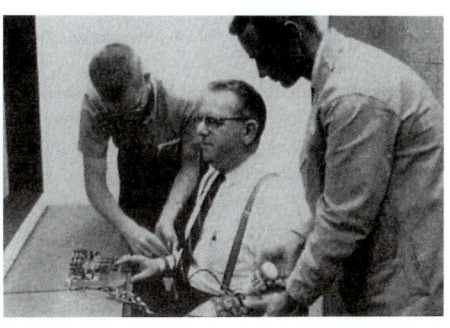

'학생'의 몸은 움직이지
못하도록 의자에 고정되고
손목에는 전극이 부착된다.

기로 했다. 그러나 조작을 통해 실제 실험 대상자는 항상 교사 역할
을 맡도록 해놓았다. 교사 역할을 맡은 사람은 쌍으로 이루어진 낱
말의 리스트를 학생에게 읽어준다. 그 다음에 단어의 쌍 중 한 단어
를 말하고 그 단어와 짝을 이룰 수 있는 4개의 단어를 제시하면 학
생은 그중에서 맞는 단어를 고르는 방식으로 기억력 테스트는 진행
되었다. 학생이 틀리면 교사는 스위치를 누르고, 그러면 학생은 전
기충격을 받게 되어 있었다.

　교사의 역할을 맡은 사람(실험 대상자)에게는 학생이 의자에 묶이
는 것과 학생의 손에 전극이 연결되는 것을 보게 했다. 그 후 교사를
옆방의 전기충격 공급기 앞에 앉게 했다. 전기충격 공급기에는 30
개의 스위치가 있었는데, 각각의 스위치에는 15볼트에서 450볼트
까지 전압의 세기가 적혀있었다. 그리고 그 밑에는 여러 개의 스위
치들을 함께 묶어서 '약한 전기충격' 혹은 '위험: 강한 전기충격'
같은 문구들이 붙어 있었고, 끝에는 단지 'XXX'라고만 적혀있었
다. 스위치가 켜지면 시그널 램프에 불이 들어오고 전압계의 바늘
이 움직였다. 그 실험이 어떻게 진행되는지 정확하게 알게 하기 위
해, 실험 대상자에게는 사전에 45볼트의 전기충격을 주어 체험하게
했다. 그리고 실험이 시작되면 실험 대상자에게 학생이 틀릴 때마
다 스위치를 하나씩 높이라고 일러두었다.

　물론 학생에게 실제로 전기충격이 가해지는 것은 아니었다. 학생

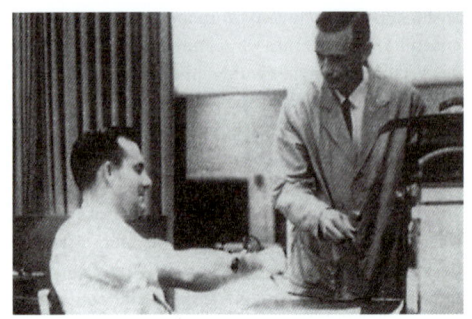

'교사'는 실험이 시작되기 전에 시범적으로 전기충격을 체험해 본다.

역할을 맡은 남자는 그 역할을 위해 특별히 연기 연습을 해둔 사람이었다. 학생 역할을 하는 사람이 더 많은 실수를 할수록 점점 더 강한 전기충격이 가해(지는 것처럼 보여)졌다. 밖에 있는 사람들은 학생이 항의하는 소리를 모두 들을 수 있었다. 그 사람은 소리를 지르고 욕을 하기 시작했다. 300볼트가 넘어가자 그 사람은 주먹으로 벽을 치기 시작했다. '극도로 강한 충격'이라고 쓰인 다음 단계에서는 아예 어떤 질문에도 반응을 보이지 않고 어떤 소리도 내지 않았다. 예상한 대로 실험 대상자는 그 실험에 대해 항의를 했다. 그리고 실험 진행자에게 실험을 중단할 것을 요청했다. 그러나 실험 진행자는 담담한 태도로 짧게 "계속하십시오.", "실험을 위해 계속해야 합니다.", "여기가 중요합니다. 멈춰서는 안 됩니다.", "안 됩니다. 계속하세요." 같은 말로 실험 대상자가 실험을 계속하도록 지시했다. 실험 대상자가 실험을 계속 진행하기를 거부하기 전까지 가한 최고의 전압이 얼마인가가 '권위에 대한 복종도'의 기준이 되었다.

심리학과 학생들에게 그 실험에 대한 설명을 해주고 본인이라면 학생 역할을 하는 사람이 벽을 주먹으로 칠 때에도 전기충격을 계속 가하겠느냐고 물어보았다. 99%의 학생이 부정적인 대답을 했다. 밀그램은 의과대학의 심리분석가들에게도 설문을 해보았다. 심리분석가들은 대부분의 참가자들이 150볼트를 넘지 않을 것이고, 4% 정도가 300볼트를 넘길 것이며, 1% 미만이 마지막 단계인 450볼트까지 갈 것이라고 추측했다.

하지만 모든 사람의 예상은 빗나갔다. 실제 실험에서는 65%의 참가자들이 'XXX'라고 적혀있는 마지막 단계에까지 갔다. 300볼트에 이르기까지는 중단한 사람이 단 한 사람도 없었다. 300볼트 단

계에서는 이미 학생 역할을 맡은 사람
이 벽을 치고 있었다.

복종에 대한 저항

위의 실험 결과는 무엇을 의미하는
가? 평소에는 파리 한 마리도 못 죽이
는 평범한 사람들이 간단한 방법을 통

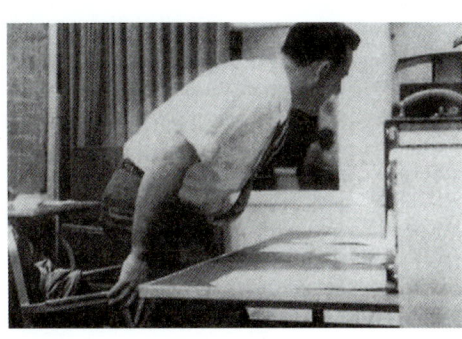

해 자신의 의지와는 다른 지시에 복종하게 되었다. 밀그램은 권위
에 복종하도록 만들거나 그것을 거부하도록 만드는 것이 무엇인가
를 알고자 했다. 이후에 진행된 변형 실험에서 밀그램은 환경 조건
을 계속 변화시켜 보았다. 그러자 다음과 같은 요소에 대해 놀랄 만
한 결과를 얻을 수 있었다.

실험의 진행을 거부하는
참가자. 이런 경우는 특별한
예외에 속한다.

감독 : 실험의 책임자가 옆에 있을 때 복종의 정도는 더 높아졌
다. 책임자가 방을 나가면 복종률은 65%에서 21%로 떨어졌
다. 실험 참가자들은 전기충격을 아예 주지 않거나 지시된 것
보다 낮게 주었다.

거리 : 최초의 실험에서는 교사와 학생이 따로 떨어진 방에 있
었다. 교사와 학생을 같은 방에 있게 하자, 복종률은 65%에서
40%로 떨어졌다. 전기가 전달되는 금속판 위에 학생의 손이
올려져있는가를 교사로 하여금 직접 확인하게 하자, 복종률은
30%로 내려왔다. 반대로 두 사람을 각기 다른 방에 있게 하고
학생의 고통을 교사가 알지 못하게 하자, 복종률은 100%였다.
잔인성은 심리적(그리고 공간적) 거리가 멀어질수록 증가함을
의미한다. 밀그램은 또 하나의 흥미로운 사실을 발견했다. 중
간 전달자가 개입하면(교사는 보조교사에게 전기충격을 주라고 지
시한다) 복종률은 93%에 달했다. 책상머리 살인자가 실제 살인

자보다 위험하다는 것을 이 결과는 말해 준다.

행동모델 : 복종률이 높은 이유 중의 하나는 한 사람에게 압력이 집중된다는 것이다. 여러 교사가 업무를 나누어 하도록 실험을 변형하였다. 첫 번째 사람은 짝을 이루는 단어들을 읽어주고, 두 번째 사람은 학생의 대답이 맞는지 틀리는지를 판정하고, 세 번째 사람은 전기충격 스위치를 누르게 했다. 이러한 구성에서는 150볼트에서 첫 번째 사람이 지시 이행을 거부하였고, 210볼트에서는 두 번째 사람이 실험을 그만두었다. 전기충격 스위치를 담당한 사람들 중 10%만이 450볼트까지 갔다. 두 명의 실험 책임자가 같은 방에서 실험을 계속할 것인가 중단할 것인가로 다투는 경우에도 복종률은 현저하게 떨어졌다.

상황요소 : 실험이 시작될 때의 상황은 별로 위험하지가 않았다. 예일대학교의 신뢰할 만한 분위기와 과학의 권위도 실험 참가자들에게 영향을 주었을 것이다(실험을 대학 밖에서 했을 때 복종률은 65%에서 48%로 떨어졌다). 첫 단계의 전기충격(15볼트)도 그리 위험한 것은 아니었다. 두 번째, 세 번째 단계도 그다지 위험하다고는 할 수 없었다. 또 한 가지 중요한 점은 실험 참가자들에게 생각할 시간이 없었다는 것이다. 실험 참가자가 처해 있는 상황의 진정한 성격은 실험이 점점 진행되면서 드러났다. 상황의 심각성을 알아차렸을 때는 중단하기에는 이미 너무 늦어버렸던 것이다. 상황요소의 압력이 강했었는지는 불안한 웃음, 한숨, 입술 깨물기 같은, 실험 참가자들이 보여주는 높은 스트레스의 특징적 행동으로 알 수 있다.

밀그램 실험의 상황은 실험실 밖의 상황들에는 적용할 수가 없다는 반론이 제기되었다. 일반적인 상황에서는 사람들이 더 많은 용기를 보여줄 것이라는 것이다. 이 가설을 확인하기 위해 일상적인 직업 환경에서 조사를 진행했다. 의사가 짤막한 전화 통화를 통해 간호사들에게 한 환자에게 약을 주사하라고 지시하였다. 그 지시는 여러 가지 점에서 규칙에 어긋나는 것이었다. 약의 투여량이 확연하게 너무 높았고, 또한 투약에 관한 지시는 전화로 해서는 안 되는 것이었다. 또 지시받은 약은 허용된 약의 리스트에 올라있지 않았고, 지시를 내린 의사가 누구인가도 잘 알려지지 않은 상태였다. 그런데 그것이 실험이라는 사실을 알려주기 전까지는 95%의 간호사들이 약을 투여하려 했다. 상황을 말로 설명했을 때는 83%의 간호사들이 자신은 지시를 이행하지 않을 것이라고 하였다. 상황적 요소가 우리의 행동을 얼마만큼 규정하는가를 이것으로 알 수 있다. 우리는 때로 좋은 의도와 많은 지식에도 불구하고 특정한 상황에서는 자신의 의도와 지식에 반하는 행동을 한다.

스탠포드 감옥 실험

공적 제도는 인간을 변화시킨다. 이 사실을 필립 짐바르도(Philip Zimbardo, 1933-)는 1972년에 행해진 유명한 스탠포드 감옥 실험을 통해 확인해 주고 있다. 중간에 중단되어야 했다는 점에서도 이 실험은 가장 인상적인 실험의 하나로 기록될 것이다.

짐바르도는 '중성적인' 사람들에게 재소자와 교도관의 역할을 하게 했을 때 어떠한 심리적 변화가 일어나는가를 알아보고자 했다. 그는 스탠포드 대학교의 지하실에 가상 감옥을 설치하고, 신문을 통해 실험 참가에 대한 보수를 조건으로 사람들을 모집했다. 짐바르도는 지원한 사람들 중에서 '성숙하고 감정적으로 안정되어 있으며 정상적이고 지적이며 중류층 출신인 백인 학생' 24명을 골랐다. 전과기록을 가진 사람은 한 사람도 없었으며, 모두 비슷한 도덕적 가치관을 소유하고 있었다. 동전을 던져 한쪽은 교도관이 되고,

다른 쪽은 재소자 역할을 맡았다.

'교도관들'은 해야 할 일에 대해 교육을 받았다. 직업적 위험에 관해서, 그리고 자신을 방어해야 할 필요성에 관해서도 설명을 들었다. '재소자들'에게는 미리 통보를 하지 않고 집에 들이닥쳐 손에 수갑을 채우고 눈을 가린 채로 경찰차에 태워 감옥으로 호송했다. 감옥에서 재소자들은 소지품 검사를 받았고, 이를 죽이는 살충제 세례를 받았으며, 지문을 찍은 후 재소자 번호를 부여받고, 한 방에 세 명씩 수감되었다.

그들은 사전에 2주 동안 실험에 참가하기로 계약을 맺었었다. 그러나 6일 후에 실험은 중단될 수밖에 없었다. 실험이 심각한 상황으로 발전했기 때문이다. 짐바르도는 당시의 상황을 이렇게 묘사했다.

스탠포드 감옥 실험에서 참가자들은 재소자와 교도관으로 갈렸다. 얼마 지나지 않아 참가자들은 현실과 자신이 맡은 역할을 뚜렷이 구분하지 못했다. 상황의 역동성이 그 이전까지 유지해 왔던 행동규범의 파괴를 가져왔다.

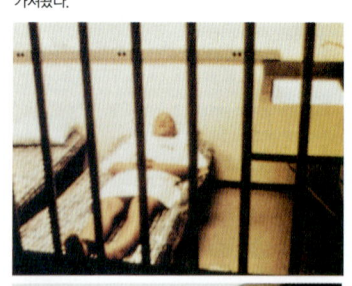

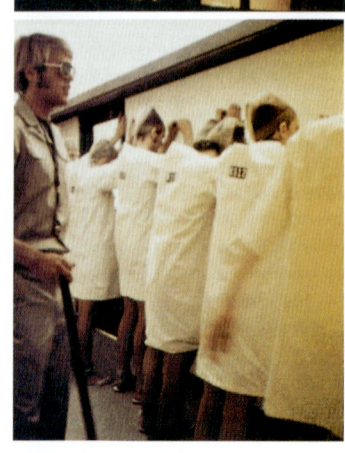

"실험의 참가자들에겐 더 이상 무엇이 현실이고 무엇이 가상역할인지 뚜렷하지 않았다. 대부분은 실제로 재소자와 교도관이 되었다. 그들은 더 이상 자신과 자신이 맡은 역할을 구분하지 못했다. 그들은 행동, 사고, 감정 등 거의 모든 점에서 변화되었다. 1주일도 못 되는 감옥 체험이 평생 배운 것을 무(無)로 만들었다. 인간적 가치는 버려졌고, 자아상은 크게 흔들렸다. 인간의 가장 추악하고 원초적이며 병적인 측면이 전면으로 드러났다. 우리는 몇몇 학생들(교도관)이 다른 사람들을 마치 경멸스러운 동물처럼 다루고 그들에게 잔인한 행동을 하며 즐거워하는 것을 보고 경악을 할 수 밖에 없었다. 재소자들은 순종적이며 비인간적인 로봇이 되어갔다. 그들의 머릿속엔 탈출과 생존, 그리고 교도관들에 대한 증오 이외에는 아무것도 들어있지 않았다."

스탠포드 감옥 실험은 상황의 힘, 그리고 감옥과

유사한 조건으로 제도화된 규범의 강력한 영향력을 보여준다. 실험 참가자에게 인성은 완전히 사라진 것처럼 보인다. 서로 어떻게 행동할 것인지는 그들 모두의 의지에 대해 열려져 있는 상황이었다. 그럼에도 곧 전형적인 감옥의 상황이 재현되었다. 이것은 감옥이라는 제도가 가진 병적인 힘을 예시해 준다.

마지막으로 아름다운 사회심리학적 문제들에 시선을 돌려보기로 하자.

사랑의 심리학

여기에서는 호감과 사랑, 성적 욕망이 중심 주제이다. 무엇이 사람을 서로 끌리게 하는가?

아름다움

아름답게 생긴 사람이 더 매력적이라는 것은 어떻게 보면 불공평하다. 여러 설문조사에서 사람들은 사랑에 있어서 외모는 그리 중요하지 않다고 답했다. 의도는 좋다.

그러나 실제로 연구의 결과를 들여다보면 다른 결론이 나타난다. 한 연구에서 학생들을 '컴퓨터 댄스'에 초대하였다. 참가자들은 제비뽑기에 의해 짝이 정해졌다. 파트너가 마음에 드는지를 휴식시간에 익명으로 설문조사를 했다. 또 제3자에게 참가자들의 성격과 매력을 기술하게 했다. 결과는 너무나 확실했다. 육체적인 매력이 파트너에게서 호감을 느끼는 결정적 요소였다. 지성이나 사회적 행동, 성격은 호감을 느끼게 하는 데에 아무런 영향을 주지 못했다. 우리 마음속의 무언가가 왠지 이 사실을 받아들이려 하지 않는다. 그래서 그 실험은 여러 번 반복되었다. 결과는 더욱 씁쓸했다. 육체적인 매력은 첫 만남에서 호감을 느끼는 데뿐만 아니라, 그 이후의 만남이나 결혼에서까지도 중요한 요소로 작용했다. 다행스러운 것은

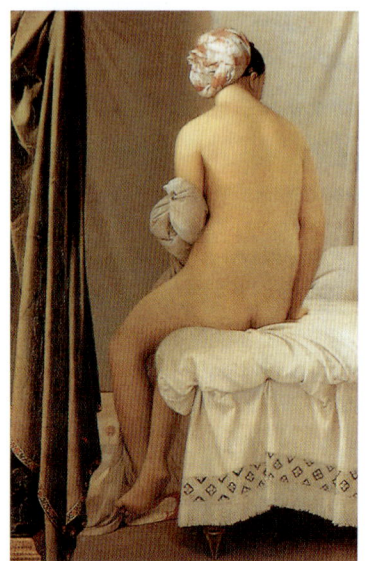

이상적 미에 대한 생각이 시대에 따라 바뀌기는 하지만, 그럼에도 육체적 매력은 누군가에게 호감을 느끼는 데 있어 가장 중요한 요소로 작용한다.

그 조사가 진행된 곳이 미국이라는 것이다. 우리는 다를지도 모른다. 이것은 어쩌면 심리학자들의 짓궂은 농담일지도 모른다. 우리가 그(그녀)를 좋아하기 때문에 그(그녀)는 아름다운 것인가? 아니면 그(그녀)가 아름답기 때문에 우리는 그(그녀)를 좋아하는 것인가? 이미 오래 전에 발터 폰 데어 포겔바이데(Walther von der Vogelweide)라는 시인은 이렇게 읊었다. '사랑은 여인을 아름답게 하나니'라고.

　누군가에게 예쁜 여자 친구가 있으면 그 사람은 예쁘지 않은 여자 친구를 가진 사람보다 더 높게 평가된다. 아름다움은 사회적 지위의 상징인 셈이다. 예쁘지 않은 사람들에게 위로가 될 만한 사실이 있다. 지속적인 관계에서 아름다움은 별로 중요한 역할을 하지 않는다. 그 대신 다른 요소들이 더 중요하게 작용한다.

가까운 거리
1930년경 필라델피아에서 결혼한 5천 쌍의 결혼신고서를 검토해 본 결과, 3분의 1의 부부가 결혼 전에 서로 5블록 이내의 거리에 떨어져 살았다. 가까운 거리는 호감을 느끼는 데 아주 중요한 요소로 작용한다.

익숙함
누군가를 자주 볼수록 더 그 사람을 좋아하게 된다. 실험 참가자들에게 여러 사람의 사진을 보여주고 마음에 드는 얼굴을 고르라고 하였더니, 자주 본 얼굴일수록 더 호감을 느꼈다. 사진뿐만이 아니라 실제 얼굴 실험에서도 같은 결과가 나왔다. 이것을 '단순접촉의 효

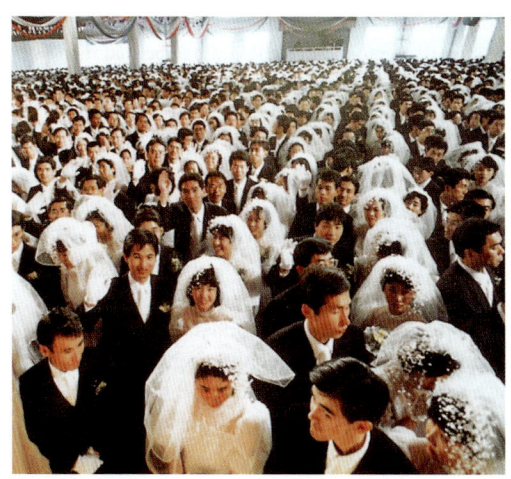

그리 놀랄 만한 사실은
아니지만 같은 점이 많은 것은
다른 점이 많은 것보다 행복한
결혼생활에 더 튼튼한 기초가
된다.

과' 라고 한다. 단순접촉의 효과는 아주 기발한 실험방식을 통해 증
명되었다. 실험에 참가한 여학생들의 사진과 그 사진의 거울사진을
만들어 그 여학생들과 친구들에게 보여주었다. 여학생들 자신은 거
울사진을 선호했고(68%-32%) 친구들은 그냥 사진을 선택했다(61%-
39%). 왜 그런 것일까? 자주 보는 얼굴을 좋아하는 것이다. 그리고
자신의 얼굴은 주로 거울을 통해서 볼 수밖에 없다. 단순접촉의 효
과는 실험실에서뿐만 아니라 자연적인 조건에서도 증명이 되었다.
여러 명의 여성들이 각기 다른 횟수로 커다란 강의실에 참석했다.
이 여성들은 학생이나 교수와 말을 주고받지 않았다. 그녀들은 그저
잘 보이는 곳에 앉아 있었다. 학기의 마지막 시간에 그 수업을 듣는
학생들에게 이 여성들의 호감도를 호감/비호감, 온화/냉정 같은 방
식으로 조사해 보았다. 결과는 강의에 더 많이 참석한 여성일수록
더 많은 호감을 얻었다.

　매력적이지 않은 사람들과 사랑의 응답을 받지 못한 사람들을 위
해 조언을 하자면, 포기하지 말고 자주 얼굴을 보이라!

닮음

서로 다른 점에 끌릴 수도 있다. 그러나 그것도 비슷한 점이 어느 정도 있을 때에만 가능하다. 사회심리학적 연구에 의하면 인간은 같은 사람들끼리 어울리기를 좋아한다. 미국에서 결혼한 부부의 95% 이상이 같은 인종에 같은 종교를 가지고 있었고, 나이 · 교육수준 · 사회계층 면에서 커다란 차이가 없었다. 심지어 지능지수나 키, 눈동자 색깔도 비슷했다. 외모에서도 또한 그러했다. 잘 생기지 않은 남자는 예쁘지 않은 여자와 결혼한다.

상호성의 원리

나를 좋아하는 사람을 나도 좋아한다. 그리고 나를 거부하는 사람은 나도 거부한다. 이것은 나를 좋아하는 사람은 나의 자신감을 높여주고, 나를 싫어하는 사람은 나의 마음에 상처를 주기 때문이라고 생각된다.

전이

전이라는 개념은 심리분석의 용어로 환자가 자신의 삶에 있어 중요한 사람을 치료자에게 전이시켜 무의식적으로 치료자를 아버지나 엄마, 혹은 형제처럼 느끼는 것을 말한다. 그런데 전이는 어느 정도 모든 만남에서 일어난다. 우리가 의식하지는 못하지만, 우리에게는 전이를 담당하는 어떤 기질이 내재되어 있는지도 모른다. 물론 다른 특징들도 전이에 있어 중요한 역할을 할 수 있다.

사랑이 심리에 미치는 영향

호감과 사랑은 다른 문제이다. 누군가에게 호감을 느꼈다고 해서 그것이 그 사람을 사랑한다는 것은 아니다. 더구나 우리는 때로 호감을 주는 사람이 아니라 짜증나는 스타일의 사람을 사랑하기도 한다.

로맨틱한 사랑에 대한 생각은 오래된 것이다. 그러나 로맨틱한 사랑이 결혼과 연관되기 시작한 것은 비교적 최근의 일이다. 더구나 이것이 모든 문화에서 일반적인 것도 아니다. 서구 문화권 밖 여러 지역에서의 결혼은 사랑과는 상관이 없는 이익공동체나 재정적 거래를 의미하기도 한다. 미국에서는 지난 30년 사이에 사랑과 결혼의 연관성이 더욱 깊어졌다. 50년대에 이루어진 한 조사에서 대학생들에게 조건은 좋지만 좋아하지는 않는 사람과 결혼하겠느냐고 물어보았더니, 65%의 남학생들과 24%의 여학생들이 부정적으로 답했다. 1984년에 같은 조사를 해보았더니 85%의 여학생과 남학생이 사랑하는 사람과 결혼하겠다고 대답했다.

왜 사람은 사랑에 빠지는 것일까? 사랑하면 좋기 때문이다. 아마도 이 대답은 사실일 것이다. 그러나 사회심리학자들에게 이 대답은 너무 단순하다. 어떤 사회심리학자들은 우리가 애정관계를 맺는 가장 중요한 동기는 자아를 풍부하게 하고, 자아를 확대하는 데 있다고 본다. 애정관계를 통해 연인의 자원을 함께 활용할 수 있다는 것이다. 연인의 친구관계, 연인의 요리솜씨, 정치적 견해, 종교적 사유 혹은 일반적인 인기가 모두 자원이라고 볼 수 있다. 이 모든 것이 우리의 자아를 확대시키고 풍부하게 만들 수 있다.

미국의 대학생들에게 사랑을 하기 전과 사랑을 한 후의 자신에 대해 기술하게 하였다. 두 기술을 비교한 결과, 사랑을 한 후의 자기에 대한 기술에 더 풍부하고 확장된 자아가 표현되어 있었다. 마치 다른 자아가 원래의 자아에 스며들어 성경을 쓴 것처럼 둘이 하나가 된 것 같았다. 이것이 건강한 것은 아니라는 주장도 있을 수 있다. 실제로 사랑은 병과 동일시되는 경우도 있다('사랑을 하면 눈이 먼다'). 사회심리학자들은 놀라운 사실을 발견하였는데, 사랑하는 연인들 사이에 두 사람의 자아가 더 밀접하게 융합될수록 두 사람이 헤어지지 않을 확률이 그만큼 높다고 한다.

사랑의 유형	친밀성	열 정	헌 신
사랑하지 않음	낮음	낮음	낮음
호감	높음	낮음	낮음
도취	낮음	높음	낮음
낭만적 사랑	높음	높음	낮음
공허한 사랑	낮음	낮음	높음
우애적 사랑	높음	낮음	높음
얼빠진 사랑	낮음	높음	낮음
성숙한 사랑	높음	높음	높음

사랑의 유형

학자들이란 분류하기를 좋아한다. 심지어 사랑도 종류를 나눈다. 일반적으로 사랑은 정열적인 사랑과 우애적 사랑으로 나뉜다.

정열적인 사랑은 감정적으로 격렬한 사랑을 말한다. 정열적인 사랑에서는 다정한 감정과 성적인 감정, 고조된 감정과 고통, 불안과 안도감, 헌신과 질투가 섞여서 함께 존재한다.

우애적 사랑은 서로의 삶이 긴밀하게 얽혀있는 사람들 사이에서 느끼는 감정이다. 우애적 사랑의 특징은 신뢰와 배려, 상대방의 결점에 대한 관용, 따뜻한 감정, 애모이다. 정열적인 사랑은 시간이 흐르면 사라지지만, 우애적 사랑은 시간이 흐를수록 더 자라난다.

사랑의 삼각형 이론

사랑을 둘로 분류하는 것이 너무 간단하다고 생각하는 사람들은 아마도 사랑의 삼각형 이론을 선호할 것이다. 그 이론은 사랑을 친밀감, 열정, 헌신의 3요소로 구분해서 본다. 친밀감은 감정적인 요소로서 감정의 친밀성과 감정의 교류를 의미한다. 열정은 마음을 움직이는 요소로서 성적인 끌림과 낭만적 몰입을 의미한다. 헌신은 인식적 요소로서 관계의 지속을 위한 노력을 의미한다.

이 세 요소를 서로 다르게 조합하면 사랑의 8가지 유형이 생겨난다. 아래의 표에서 보듯이 8가지 유형의 첫 번째는 사랑하지 않는 관계이다.

사랑에 대한 진화심리학적 이해

사랑과 성에 대한 가장 최근의 견해는 찰스 다윈의 진화론이라는 아주 오래된 이론에 바탕을 두고 있다. 그 이론의 중심적 사상은, 심리적 메커니즘도 생리적 메커니즘과 마찬가지로 수백만 년 동안 자연도태의 과정을 통해 생존과 종의 번식에 도움이 되는 방향으로 발전해 왔다는 것이다. 이런 시각에서 보면 남자와 여자의 행동이 새롭게 해석될 수 있다.

진화심리학에 따르면 사랑은 자신의 유전자를 퍼뜨리기 위한 목적을 수행하려는 행위이다(123쪽 참조). 어떻게 보면 그 견해는 많은 사람들에게 시대에 뒤떨어진 것으로 여겨지는 가톨릭의 윤리관(사랑은 번식을 위해서만 필요하다)을 연상시킨다. 생물학은 반대의 증거를 제시한다. 폐경기가 지난 여성이 성적으로 여전히 활발하거나 전보다 더 활발한 것은 진화론적 시각으로는 이해할 수 없는 일이다.

진화심리학이 번식과 연관된 성의 이해에 도움이 되는 것은 사실이다. 그러나 사랑과 놀이, 문화와 연관된 성을 이해하기에는 진화심리학만으로는 불충분하다. 그것을 이해하기 위해서는 무엇이 남성적인 것이고 무엇이 여성적인 것인가를 판단하는 젠더(gender)의 규범, 젠더의 사회적 학습, 사회적 성역할을 함께 고려하는 다른 이론들이 필요하다. 아직까지는 고장 난 전구를 갈아 끼우는 사람은 남자이어야 한다는 것을 증명해 줄 어떤 유전자도 발견되지 않았다.

사랑의 유지에 중요한 것들

이제까지 우리는 두 사람이 서로 사랑에 빠지기 위해서는 무엇이 일어나야 하는가를 고찰했다. 그런데 더 중요한 것은 두 사람의 관계를 지속할 수 있게 하는 것은 무엇인가, 그리고 그 관계에서 서로 만족감을 느끼게 하는 것은 무엇인가이다. 여기에는 네 가지 이론이 있다.

첫 번째 이론은 학습 이론에 바탕을 두고 있다. 우리는 더 많은 대가를 얻을수록 더 만족한다는 것이다. 여기서의 대가는 즐거움, 돈, 섹스, 칭찬, 음식, 존경, 애정 어린 행위 등의 여러 가지를 의미할 수 있다.

두 번째 이론은 정반대의 주장을 편다. 상대방에게 더 많은 대가를 지불할수록, 다시 말해 더 많은 비용을 치를수록 우리는 더 많은 만족을 느낀다는 것이다. 좀 이상하게 들릴 수도 있는 이 이론의 바탕에는 인간은 정말 사랑을 할 때는 이타적인 방식으로 상대방을 보살핀다는 생각, 다시 말해 사랑은 이기적인 것과는 반대되는 자신의 이타적인 욕구를 만족시키는 행위라는 생각이 깔려있다. 다른 방식으로 표현하면, 어떤 목적(여기서는 두 사람 사이의 관계)을 위해 더 많은 비용을 (자발적으로) 지불할수록 그것을 더 가치 있게 평가하고 따라서 목적을 달성하면 더 만족스럽게 느낀다는 것이다('우리는 어렵고 힘든 날들을 함께 했어요').

세 번째 이론은 정의론에 기초를 두고 있다. 주는 것과 받는 것이 평형을 이루어야 두 사람 사이의 관계가 원만하다는 것이다. 두 사람들 모두 자신이 해준 만큼 상대방에게서 받아야 한다. 자기가 받아야 하는 것보다 적게 받은 사람은 화가 나게 되고, 관심을 적게 받고 있다고 느낀다. 너무 많이 받은 사람도 행복하지 않다. 죄책감을 느끼기 때문이다. 받는 것과 자신의 몫이 차이가 많을수록 두 사람은 더 불만족스럽게 느끼고 그것을 막기 위해 무엇인가를 하게 된다. 객관적으로 더 많이 주거나 혹은 더 많이 가지려 할 수도 있고, 주관적으로 상대방이 기여한 몫을 더 높게 혹은 더 낮게 평가할 수도 있다('저 꽃은 자기가 마실 술만 사기 미안하니까 같이 사온 것일 뿐이야').

공동의 대상 이론은 분석심리학에 기원을 두고 있다. 두 사람이 공동의 대상을 가지고 있으면, 두 사람 사이의 만족도 커지고 부부 사이의 안정성도 증가한다는 것이다. 공동의 대상은 여러 가지가 있을 수 있다. 주로 자식들이나 자식들의 교육이 공동의 대상이 되는 경우가 많다. 내 집 마련 같은 어

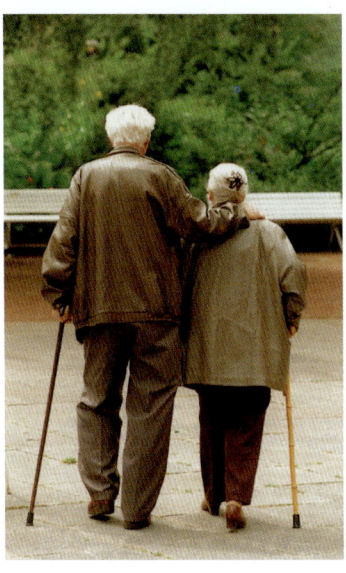

무엇이 부부를 평생 동안 같이 살 수 있게 하는가?

떤 목표가 공동의 대상이 될 수도 있다. 주택 대출금을 다 갚고 아이들이 독립해서 나가면 부부 사이의 관계가 위험해질 수 있다. 공동의 대상이 없기 때문이다. 그러면 새로운 대상을 찾아야 한다. 그것이 손자나 손녀일 수도 있고, 섭섭하게 행동하는 자식들이나 불쾌한 이웃, 혹은 질병 같은 '외부의 적'일 수도 있다. 많은 부부에게서 이러한 얘기를 들을 수 있다. "우리 부부는 한쪽의 병이 나으면 다른 한쪽이 다시 앓아누워요. 마치 교대라도 하는 것 같아요." 이런 경우, 병이 공동의 대상이 되어 부부 사이의 결속을 높이고 있다고 말할 수 있다.

이 네 가지의 가설은 타당성을 입증해 주는 각각의 연구결과를 가지고 있다. 그런데 우리가 이전에 이미 살펴보았듯이 남녀 사이의 관계란 참으로 다양하다. 그리고 대가나 이타적 동기, 평형에 대한 욕구, 공동의 대상은 서로를 배제하는 것이 아니라 서로를 보완하면서 남녀관계의 안정과 만족에 기여하는 요소로 작용할 수 있다.

| 참고문헌 |

Asch, Solomon: 「Social sychology」, Englewood Cliffs, 1952

Bartlett, Frederic C.: 「Remembering: A Study in experimental and social Psychology」, Cambridge, 1932

Cannon, Walter: 「The Wisdom of the Body」, New York, 1932

Craik, Kenneth: 「The Nature of Explanation」, Cambridge, 1943

Ebbinghaus, Hermann: 「Über das Gedächtnis」, Leipzig, 1885

Erikson, Erik: 「Identität und Lebenszyklus」, Frankfurt am Main, 2002

Eysenck, Hans J.: 「The Structure of Human Personality」, New York, 1953

Freud, Anna: 「Das Ich und die Abwehrmechanismen」, Frankfurt am Main, 1997

Freud, Sigmund: 「Abriss der Psychoanalyse, Studienausgabe, Band I」, Frankfurt am Main, 2000

Freud, Sigmund: 「Drei Abhandlungen zur Sexualtheorie, Studienausgabe, Band V」, Frankfurt am Main, 2000

Freud, Sigmund: 「Die Traumdeutung, Studienausgabe, Band II」, Frankfurt am Main, 2000

Fromm, Erich: 「Anatomie der menschlichen Destruktivität」, Reinbek bei Hamburg, 1983

Harlow, Harry: 「Learning to love」, San Francisco, 1971

Holmes, T. H./Rahe, R. H.: 〈The social readjustment rating scale – Jurnal of Psychosomatic Research 11, p213-218〉

Jung, Carl Gustav: 「Die Archetypen und das kollektive Unbewusste, gesammelte Werke, Band 9/1」, Düsseldorf, 1995

Kinsey, Alfred: 「The writings of Melanie Klein, 4 Bände」, London, 1975

Kohlberg, Lawrence: 「Psychologie der Moralentwicklung」, Frankfurt am Main, 1996

Koehler, Wolfgang: 「Intelligenzprüfungen an Menschenaffen」, Berlin, 1973

Kohut, Heinz: 「Die Heilung des Selbst」, Frankfurt, 1979

Kretschmer, Ernst: 「Körperbau und Charakter. Untersuchungen zum Konstitutionsproblem und zur Lehre von den Temperamenten」, Berlin, 1922

LeBon, Gustave: 「Psychologie der Massen」, Stuttgart, 1982

Lorenz, Konrad: 「Das sogenannte Böse. Naturgeschichte der Aggression」, Wien, 1965

McDougall, William: 「Social Psychology」, New York, 1908

Maslow, Abraham: 「Persönlichkeit und Motivation」, Reinbek bei Hamburg, 1982

Milgram, Stanley: 「Das Milgram-Experiment. Zur Gehorsamsbereitschaft gegenüber Autorität」, Hamburg, 1974

Nolting, Hans-Peter/Paulus, Peter: 「Psychologie lernen」, Weinheim und Basel, 1999

Pawlow, Iwan: 「Die bedingten Reflexe」, Muenchen, 1972

Peale, Vincent: 「Die Kraft des positiven Denkens」, Zuerich, 1986

Perls, Fritz: 「Gestalttherapie」, Muenchen, 1993

Piaget, Jean: 「Die Psychologie des Kindes」, Muenchen, 1998

Rogers, Carl: 「Eine Theorie der Psychotherapie, der Persönlichkeit und der zwischenmenschlichen Beziehungen: entwickelt im Rahmen des klienten-zentrierten Ansatzes」, Koeln, 1987

Skinner, Burrhus F.: 「Was ist Behaviorismus?」, Reinbek bei Hamburg, 1978

Spitz, Rene: 〈Vom Säugling zum Kleinkind. Naturgeschichte der Mutter-Kind-Beziehungen im ersten Lebensjahr〉, Stuttgart, 1974

Watson, John B.: 「Behaviorismus」, Eschborn, 1997

Watson, John B./Rayner, Rosalie: 〈Conditioned emotional reactions, Journal of Experimental Psychology 3, p1-14〉

Zimbardo, Philip G./Gerrig, Richard J.: 「Psychologie」, Muenchen, 2004

| 찾아보기 |

| 사진출처 |

Picture Press/RIZZOLI/Rubin 9
OKAPIA KG, Germany 11, 111
Apple Computer 16
akg-images 17, 18, 24, 41, 106
〈Easy Rider〉, 1969 19
Hulton/Archive 23
Topham/The Image works 23
dpa 25, 44, 48, 72, 79, 81, 87, 94, 113, 127, 133, 138,
    140, 141, 142, 156, 157, 166, 182, 187
Carolin Rovee-Collier 27
Yves de Braine, Black Star 29
Lew Merrim/Monkmeyer 31
Marcia Weinstein 32
Laura Dwigh 35
Martin Rogers/Stone 37
Erickson/The Stock Market 39
Sylvie Villeger/Explorer/Photo Researchers 42, 43
KPA/Hage 46
Sarah Putnam/Index Stock 48
Carl G. Jung, Man and his Symbols, London, 1964
    50
Jeff Greenberg/Peter Arnold, Inc. 56
Max Ernst, Die Muttergottes züchtigt das Jesuskind
    vor drei Zeugen, 1926/Rheinisches Bildarchiv,
    Köln 57
Zeitschrift für Psychologie und Physiologie der
    Sinnesorgane Band 51, 1909 61
R. L. Atkinson, Hilgards Einführung in die
    Psychologie, Joachim Grabowski, Elke van der
    Meer, ⓒ Spektrum Akademischer Verlag,
    Heidelberg Berlin, 2001 61
Birgit Willberger, Nürnberg 64
Bilderberg 67
ⓒ 1990 United Feature Syndicate, Inc. 68
JoMcBride, Stone 70
Image Bank 73
dpa/dpaweb 74, 92, 126
Donacion Fernando Botero, Bogota 76
Agentur Focus 82
ⓒ Education du Play Bac, 2001 83
KPA 86, 105, 114(LA Mala Education)
〈The Rocky Horror Picture Show〉, 1974 88
〈Pulp Fiction〉, 1994 97

Westafrika. Aus Urwald und Steppe zwischen
    Crossfluss und Benue, Alfred Mansfeld, München,
    1928 100
Stanley Kubrik, 〈2001 Space Odyssey〉 101
Introduction to Psychology, Ernest A. Hilgard, Rita L.
    Atkinson, Richard Atkinson, New York, 1979 104,
    162, 163
Schnellkurs Design, Köln, 1995 109
Picture Press/Klaus Westermann 115
Picture Press/Marina Raith 117
ⓒ Disney 118, 135
photonica 121
Tony Stone 121
Apple Corporation Ltd., London 124
Schnellkurs Genforschung, Köln, 2002 125
Tom Kelley 128
Psychologie, Philip Zimbardo, Richard J. Gerrig,
    München, 2004 129
Wellcome Library, London 131
Der unsichtbare Dritte, 1959 139
Zeta 144
Harald R. Sattler 146
Moderne Zeiten, 1936 148
Hilgards Einführung in die Psychologie, R. L.
    Atkinson, R. C. Atkinson, Heidelberg und Berlin,
    2001 149
Lord Snowdon 151
Schnellkurs Christentum 152
ⓒ Salvador Dalí, Foundation Gala-Salvador Dalí/VG
    Bild-Kunst, Bonn, 2005 153
Johann Heinlich Füssli, Freies Deutsches Hochstift,
    Frankfurt am Main 154
ZB 159
Find yourself, Oswald Huber, Bern, 1999 160
Granger Collection 163
Foto: T-Mobile Team 167
David M. Grossman/Photo Researchers 169
Bavaria 171
Obedience(Film), Verleih der New York Film Library,
    ⓒ Stanley Milgram, 1965 172-175
Philip G. Zimbardo 179
Jean Auguste Dominique Ingres 180